(par [illegible] B. [illegible])

ESSAI

SUR

L'ORIGINE et L'ANTIQUITE

DES

LANGUES.

A

Dicere verum

***** Hor.

LONDRES,

Chez
P. VAILLANT, dans le Strand.
C. BATHURST, No. 26, dans Fleet-Street.
B. LAW, No. 13, dans Ave-Maria-Lane.
J. ROBSON, dans New Bond-Street.

M.DCC.LXVII.

LETTRES

SUR

L'ORIGINE et L'ANTIQUITE

DES

LANGUES.

MONSIEUR,

QUELLE eſt donc la nouvelle opinion qui vous amuſe au milieu de vos loiſirs philoſophiques ? Le ſilencieux cultivateur d'Eden. Pouvois-je m'imaginer, qu'un de ces problêmes, qu'amène dans la converſation le haſard, pût parvenir juſqu' à vous ?

Vous me demandez des preuves, de ceque je ſoutins avec chaleur dans une converſation que j'eus avec le Chevalier N. Vous m'en priez, dites vous : votre prière eſt un commandement pour moi. Que ne ferois-je pas pour conſerver votre eſtime.

Les miniſtres de l'Evangile traverſent la vaſte étendue des mers pour faire des proſélites. Les vagues les portent aux extrémités du globe. Navigateurs hardis ils affrontent les périls ; ils enviſagent les écueils ſans effroi. — Noble motif. La vérité les guide ; le ſuccès les couronne.

Le parallèle n'eſt pas juſte, j'en conviens ; mais le triomphe eſt également flatteur pour moi. Borné à des ſuccès moins brillans, je n'aſpire pas à une couronne ſi glorieuſe. Vo-

tre

tre suffrage me flatte : voilà mon ambition : je renonce à tous les périls.

Moins agité dans cette île, que la mer, qui l'environne, j'y coule mes jours dans une constante tranquillité : j'y jouis du plus précieux trésor, de la liberté.

Mille fois je vous ai souhaité dans cette île, mille fois mes souhaits ont été sans succès : je me lasse de souhaiter, et je me borne à la seule espérance ; unique et dernière ressource, des souhaits sans réalité.

Voilà un préambule bien lugubre, me direz-vous ; eh bien ; soyons plus gais, j'y consens. Rappellons ces heureux momens, que nous procuroit un loisir animé par les plus joyeux propos, dans ces promenades si agréables, où nous passames en revue, ce que la nature nous offroit de plus amusant, ou vous donnates l'essor à votre esprit, par des saillies, qui firent voir en vous et l'homme spirituel et le philosophe chrétien.

Cette justice que je vous rends, ne doit pas vous paroitre équivoque ; j'ose me flatter que vous me rendrez celle de croire, que je vous parle sans hiperbole.

Sans doute que le Chevalier, en fidèle historien, vous a fait un récit complet de toutes nos transactions : votre lettre n'est point énigmatique, il est aisé d'y lire, que vous

ètes

êtes inſtruit de tout. Tant mieux. Je m'en épargnerai la peine ; elle deviendroit un plaiſir pour moi ſi vous l'exigiez.

Ces deſcriptions magnifiques qu'on vous a faites de cette île, ne vous auroient-elles pas fait naitre l'envie de venir paſſer vos jours dans ce pays libre et philoſophe ? Je prévois déjà votre réponſe : elle m'afflige ſans doute : mais je ſacrifie mon intérêt particulier à votre propre ſatisfaction.

Engagé dans un commerce littéraire, que puis-je faire, qui pût répondre à votre attente ? Si je ne voulois écouter que mon penchant, je ne vous écrirois que d'agréables badinages, tels que vous en écrivez vous-même. Le ſérieux m'occupe trop, et dans cette île rien de plus dangereux qu'un air nébuleux; mais rien de plus fréquent.

Vous n'avez peut-être en France, qu'un ſeul original du miſantrope; nous en avons mille ici. Molière n'en a joué qu'un ſeul, que d'originaux échapés à cet Ariſtophane François ? Enfin l'on peut dire, que la miſantropie eſt naturaliſée en Angleterre, auſſi bien que la coquetterie en France, à une différence près, c'eſt que la miſantropie Angloiſe eſt une ſuite de tempérament, et que la coquetterie Françoiſe eſt un résultat de légèreté.

Il en faut convenir, les Anglois nous ſurpaſſent en miſantropie, elle leur eſt naturelle. Nous ne pouvons jamais être que de mauvaiſes copies.

Rien de plus amusant, que cette misantropie Angloise : elle ne ressemble en rien au misantrope François, c'est une misantropie périodique. Aussi la diversité en fait-elle un agrément qui plait, quand elle n'est point dans son apogée.

Je tâche de suivre la mode : je vous avoue franchement, j'y réussis sans peine. Le pays y influe plus que tout le reste : mon tempérament ne s'y oppose pas. C'est un mérite de plus ; peut-être ne l'aurois-je jamais acquis ailleurs.

Ne vous écriez point au paradoxe. Oui, Monsieur, la misantropie est un mérite ici, mérite imaginaire, je l'avoue, mais qui est réel dans cette île. Le mérite de la plûpart des choſes ne conſiſte que dans l'imagination. Il change ſelon les pays. Ici on blâme votre mercure François : chez vous le miſantrope eſt ridicule. Deux caractères diamétralement opposés, mais qui ont chacun leur mérite.

Ceux qui ne ſont miſantropes que par intervalle ne vous cèdent en rien du côté de la gaieté, et s'il y a des Héraclites dans ce pays-ci, nous ne manquons pas de Démocrites. J'oſe même dire que le nombre des rieurs eſt fort ſupérieur à celui des pleureurs.

Le François eſt conſtamment plus gai, je n'en ſuis pas ſurpris, il eſt conſtamment plus diſtrait. L'Anglois donne quelquefois dans l'excès ; nous ne lui cédons pas, nous donnons ſouvent dans l'extravagance.

Tout bien calculé, la gaieté et la miſantropie ſont bien compenſées de part et d'autre. Le miſantrope de Molière n'eut d'abord point de ſuccès, mais enfin il fut gouté : preſque tout le monde ici ſe ſoulèveroit contre la repréſentation d'une telle pièce. Auſſi ſe garde-t-on de faire paroitre le miſantrope ſur la ſcène Angloiſe. Tant on aime à jouir d'anciens privilèges. Celà ne prouve-t-il pas un grand nombre d'originaux ?

Voyez le Chevalier : il eſt digne de votre eſtime et de celle de vos amis, vous ne trouverez pas en lui ces airs de petits-maitres, op-

probre

probre de l'homme ; encore moins ces préjugés ridicules de nation et de patrie, honte de la raiſon humaine et du bon ſens. Il eſt tout eſprit, tout cœur, tout ſentiment : ce ſont les moindres de ſes qualifications, il n'eſt pas ridicule: que de titres pour être chéri partout !

Voilà ſans doute de grands préliminaires. Ne vous impatientez pas, je vais les abréger dans l'inſtant. Il ne me reſte qu'une grace à vous demander : c'eſt celle de me croire ſans équivoque,

MONSIEUR,

Votre très humble, très obeiſſant ſerviteur,

***.

LETTRE

LETTRE II.

MONSIEUR,

L'ORIGINE et l'antiquité des langues a toujours été énigmatique. Les critiques ont ſouvent fait des recherches inutiles ſur ce ſujet : pluſieurs nous ont donné des viſions pour des vérités. Je n'en ſuis pas ſurpris, ils étoient ſouvent viſionnaires.

L'avenir ne nous eſt pas connu : cette connoiſſance eſt l'appanage de la divinité. Souvent le paſſé eſt enveloppé de ténèbres. L'antiquité a ſes miſtères. Que puis-je donc vous propoſer ſinon des conjectures ?

Libre des préjugés je vous communiquerai librement mes penſées. Je ne prétens pas me diſtinguer

diſtinguer par des paradoxes, encore moins devez-vous vous attendre à des démonſtrations géométriques. Je vous promets du probable. Voilà à quoi je m'engage, à rien de plus.

Accoutumé à ne faire plier votre raiſon dans la ſphère des choſes naturelles, que ſous le poids des démonſtrations, vous lui laiſſez tout ſon empire pour toute autre hipothèſe. Qu'elle exerce ſon droit ſur mon opinion: je la ſoumets à ſon tribunal.

Egalement éloigné et des viſions péripatéticiennes, et des ténèbres ſceptiques, je ne puis concevoir l'impoſſible comme poſſible, ni ne puis douter de l'évidence.

Toute hipothèſe, qui eſt contre la raiſon, je la range à côté des êtres de raiſon, êtres fictices, auſſi incompréhenſibles que la quadrature du cercle. Tout ce qui porte l'empreinte de l'évidence, entraine ma raiſon ; j'y ſouſcris. J'abhorre le pirrhoniſme dans les choſes même vraiſemblables. Le douteux ſeul forme mon doute.

Le préjugé commun eſt, qu' Adam et Eve parlèrent Hébreux avant leur chute ; par conſéquent que l'Hébreux eſt la première langue. Préjugé longtems en vogue. J'eſſayerai, Monſieur, de prouver, que cette aſſertion approche du douteux, j'oſe même dire, qu'elle eſt fauſſe.

L'économie

L'économie des langues eſt merveilleuſe : elles ſont toutes fondées ſur une convention : la nature en fournit les moyens, le beſoin en établit la néceſſité.

Jettés au milieu d'un monde inombrable d'objets nous avons des rapports, des liaiſons, des beſoins : des rapports, qu'il faut concilier ; des liaiſons, qu'il faut cimenter ; des beſoins qu'il faut ſatisfaire. Peu capables de nous faire entendre dans toutes les circonſtances, la nature nous offre un moyen ſimple et facile ; c'eſt celui de la parole.

Voilà dans ce début laconique le fondement de toutes les langues. Vous verrez dans le cours de ces lettres l'enchainement merveil-

leux

leux dans l'invention d'une langue, qui n'eſt autre choſe qu'un aſſemblage de ſons articulés. Mais comme ces ſons par eux-mêmes, ſont vuides de ſens, les hommes ſe ſont accordés d'attacher telle ou telle idée à tel ou tel ſon. Ce ſont ces ſons qui ſont les ſimboles de nos penſées.

Si nous conſidérons la ſimplicité de la parole, comment la langue, ce petit membre peut former des ſons différens avec une facilité et une viteſſe égale à celle de nos penſées mêmes, facilité exempte de trouble et de fatigue, ſi nous conſidérons encore, que tous les objets même généraux peuvent être tipifiés, pour ainſi dire, par ces ſimboles, nous verrons que la nature a parfaitement contribué à l'économie de la ſociété. L'idée

L'idée qui eſt attachée à un ſimbole, n'eſt point arbitraire après la convention faite. L'uſage établi érige cette convention en loi, et dès qu'elle eſt ſcellée de ſon ſceau, elle devient irréfragable. Ainſi le ſon, que forment ces ſix lettres, *ſ. o. l. e. i. l.* ſignifie ce grand aſtre lumineux, qui roule ſi majeſtueuſement ſur nos têtes, et qui préſide au jour ; il ne peut ſignifier, après la convention faite, cet autre corps opaque, qui emprunte ſa lumière du premier et qui préſide à la nuit.

Mais comme les choſes ſont ſouvent détruites par celles qui les ont fait naitre, l'uſage ſe détruit ſouvent ſoi-même. Un nouvel uſage uſurpe l'autorité du premier, le proſcrit, et s'arroge tous les droits d'un légitime poſſeſ-

ſeur.

ſeur. Voilà la ſource du changement et de la perfection des langues.

Sans aller fouiller dans les annales de l'antiquité, nous l'expérimentons tous les jours. Les mêmes mots, les mêmes phraſes, qu'on regardoit dans notre langue comme conſacrés, ſont devenus barbares, et nos arrière petits neveux auront peut-être beſoin d'un nouveau dictionnaire pour l'intelligence de notre langue.

Ainſi changent les choſes. Rien de ſtable. Tout être matériel rentre enfin dans le néant. Au milieu de toutes ces viciſſitudes, une ſeule choſe ne changera pas, tant que mon individu ſubſiſtera, c'eſt la parfaite conſidération, avec laquelle j'ai l'honneur d'être,

MONSIEUR,

Votre très humble, très obéiſſant ſerviteur,

* * *.

LETTRE III.

MONSIEUR,

LE long ſilence que j'ai gardé juſqu'à préſent n'eſt point un effet de mon indifférence à vous ſatisfaire dans tout ce que vous exigez de moi. Je ne ſuis pas partiſan du ſilencieux Pithagore. Je vous avouerai la vérité, dût-elle bleſſer mon amour propre.

J'ai

J'ai facrifié à une divinité étrangère. La pareffe a reçu mon encens: je ne lui fais pourtant que de maigres facrifices. Mais trêve d'apologie, vous êtes gracieux, vous n'en exigez point.

La queftion que j'ai deffein de traiter, c'eft de favoir fi Adam et Eve parlèrent un langage particulier avant leur chute. Par langage particulier j'entens des fons articulés, voilà l'état de la queftion; et voici ma réponfe: il étoit naturellement impoffible qu' Adam et Eve proféraffent des fons articulés avant leur chute, et par conféquent qu'ils parlaffent un langage particulier.

Les paroles ſont les ſignes de nos penſées, ſignes arbitraires mais non pas naturels. Sans doute que ces paroles, dont on ſuppoſe, qu' Adam ſe ſervoit, n'étoient pas des ſignes naturels, nous nous en ſervirions encore ; la même tradition qui nous a tranſmis leurs noms et leur tranſgreſſion dans Eden, n'auroit pas manquéde nous tranſmettre ces ſignes naturels.

Mais quel beſoin aurions nous de cette tradition ? Ce qui ſignifie naturellement une choſe, eſt invariable. La fumée a de tout tems été un ſigne naturel du feu, et le ſera toujours juſqu' à la fin des ſiècles les plus reculés.

Il sensuit donc, que, si ces signes eussent été naturels, jamais il n'y eût eu qu'une seule langue, qui se seroit multipliée dans tous les individus, que chaque individu l'auroit comprise et parlée, que cette langue auroit été un attribut aussi naturel à l'homme, que la fumée l'est au feu.

Il faut donc, que ces paroles aient été des signes arbitraires. Que s'ensuit-il de cette hipothèse ? Ou qu' Eve ne comprenoit pas Adam, ou qu' il y eut une convention préalable, pour attacher telles ou telles idées à tels ou tels sons. Le dilemme est également embarassant.

Dire qu' Eve ne comprenoit rien au langage d' Adam, c'eſt un paradoxe à tous égards. Soutenir qu'il y eut une convention, c'eſt une autre abſurdité auſſi ridicule que le paradoxe.

Une telle convention n'eſt pas l'ouvrage d'un jour, d'un mois, et même d'une année. L'Ecriture ſainte ne nous parle point de cette convention apocriphe, ni du tems que dura l'état d'innocence. Il y a des auteurs qui penſent, que cet état ne dura qu'un jour. Arrêtons ici nos conjectures. Je ne déciderai pas une choſe qui ſera toujours indéciſe.

Peut-être dira-t-on, que le Créateur luimême donna un langage à l'homme, auſſitôt qu'il qu'il ſortit du limon ; mais cette langue auroit été articulée, ce qui eſt contradictoire ; parceque les ſons d'une langue articulée ſont des ſignes arbitraires, qui ſuppoſent une convention.

J'ai déjà montré, que les ſons dont on ſuppoſe, qu' Adam ſe ſervoit, ne pouvoient pas être des ſignes naturels, ce qui prouve que Dieu ne donna point de langue articulée à l'homme.

J'ajouterai aux preuves précédentes, que la parole articulée s'exprime par des ſons, comment peut-elle donc ſignifier naturellement pluſieurs choſes qui ne ſont point ſonorés, je veux dire, qui n'ont point de ſon? Ou, comment des chofes qui ne font point fonores, peuvent-elles être naturellement repréfentées par des fons? C'eft comme fi je difois: la couleur fignifie naturellement quelque chofe qui n'eft pas coloré, ou, quelque chofe qui n'eft point coloré, fignifie naturellement la couleur ; la parité eft égale.

C'eft une queftion de philofophie de favoir, fi Dieu peut attacher les fenfations des couleurs à l'organe de l'ouie, et les fenfations des fons à l'organe de la vue : cette queftion philofophique coïncide avec celle-ci qui eft à la portée du vulgaire: fi Dieu peut nous faire voir de nos oreilles, et entendre de nos yeux.

Je

Je ne prétends pas prefcrire des bornes à la toutepuiffance divine, elle s'étend à tout ce qui ne renferme pas l'idée d'incompatibilité. Je ne fais, fi ces deux chofes ne font pas incompatibles. Je refte pyrrhonien fur cet article. Une chofe eft certaine, c'eft qu'il y a des objets, qui ne peuvent directement frapper nos fens : tels font les êtres immatériels.

Quel fon articulé pourroit repréfenter naturellement cet être, que nous appellons DIEU. Cet être, dont les tréfors font infinis, qui ne peut recevoir ni diminution, ni augmentation dans les biens qu'il pofsède, qui jouit d'une abondance qui fe fuffit à elle-même, qui pofsède, felon les différentes expreffions de l'Ecriture, des fontaines d'eau

vive,

vive, les tréſors de l'abîme de la mer, les tréſors des vents, les tréſors des nuées, les tréſors des pluies, les tréſors des neiges et des grêles. Cet être, qui réunit en lui-même, tout ce qu'il y a de bien, la ſainteté ſans défaut, toutes les graces ſans laideur, toutes les forces ſans langueur, toute la gloire ſans précipice, toutes les clartés ſans ombre, la joie ſans déplaiſir; cet être qui poſsède une immenſité ſans borne, une éternité ſans principe, une immutabilité ſans altération, une puiſſance ſans foibleſſe, une beauté ſans diſgrace, une bonté ſans vice, une ſageſſe ſans erreur, une vérité ſans menſonge, une providence ſans ſurpriſe, une miſéricorde ſans molleſſe, une juſtice ſans cruauté, une ſainteté ſans tache. Cet être, qui eſt élevé ſans ſituation, répandu ſans continuité,

tinuité, recueilli ſans diviſion, préſent par tout ſans impriſonnement, hors de tout ſans exclusion, traverſant tout ſans mouvement, demeurant partout ſans repos, alterant tout ſans changement, agiſſant partout ſans travail, commençant tout ſans principe, finiſſant tout ſans ceſſation, en un mot, poſſédant en lui ſeul le recueil de tous les biens imaginables ſans la contagion des maux, qui les corrompent.

Adam aſſurément n'avoit pas de ſon articulé, qui exprimât nuturellement cet être, dont je viens de faire une deſcription très imparfaite.

Parmi

Parmi les objets matériels il y en a fort peu, qui frappent l'organe de l'ouie : entre ceux là il ne peut y avoir de rapport naturel avec les sons articulés, qui les experiment : entre ceux-ci, il peut y avoir un rapport, qu'on pourroit en quelque sorte appeller naturel, c'est lorsque les sons articulés, qui servent à les exprimer, imitent, pour ainsi dire, le son de la chose qu'ils signifient.

Les Latins appellent un canon BOMBARDA, dont la cadence exprime, en quelque façon, le bruit du canon. La première sillabe de MUGIRE en prononçant l'u comme les Allemands, est une expression naturelle du beuglement bes beufs.

Nos

Nos verbes RUGIR, MIAULER, HURLER ont quelque rapport de son, avec les choses que nous exprimons par RUGISSEMENT, MIAULEMENT, HURLEMENT.

Les Anglois expriment ces mêmes verbes par ROAR, MEU, HOWL, qui se prononcent selon notre façon d'orthographier, RORE, MIOU, HAÖULE. Ces verbes sont au moins aussi analogues aux choses, que les nôtres ; mais, comme j'ai dit, ces rapports naturels sont en petit nombre.

Il me reste encore quelques autres preuves analogues au silencieux habitant d'Eden ; je les réserve pour la lettre suivante ; celle-ci est assés longue. Je n'y ajouterai que les

assurances

aſſurances de la parfaite conſidération, avec la quelle je ſerai ſans ceſſe,

MONSIEUR,

Votre très humble, très obéiſſant ſerviteur,

***.

LETTRE IV.

MONSIEUR,

DANS ma dernière lettre, j'ai tâché de prouver, que Dieu ne donna point un langage articulé à Adam, parceque les ſignes en auroient été naturels. L'abſurdité du conſéquent montre la fauſſeté de l'antécédent.

Une ſeule réflexion me reſte à faire au ſujet des ſignes naturels: c'eſt que la première langue, qu'on ſuppoſe, qui ſe parla dans Eden,

Eden, ſoit l'Hébraïque la Grecque, la Celtique, la Teutonique, ou quelque autre ne pourroit pâs être appellée langue, puiſque, ſelon mon principe fondamental, toutes les langues ſe ſont établies par convention.

Les ſons articulés ſont les ſignes de nos idées : par conſéquent ces ſignes ſont arbitraires, comme les ſons d'une timbale, d'une trompette, ou d'un tambour dans une armée, qui n'ont aucun rapport naturel aux choſes, qu'ils ſignifient, et dont ils ſont ſignes.

La parole articulée eût été une imperfection de la nature innocente et ſans tache, mais elle eſt à préſent une perfection de la nature corrompue et vitiée : elle eſt un des plus beaux

app.nages

appanages de l'homme blessé dans ses facultés : elle est l'interprête de ses besoins.

Quel besoin Adam avoit-il à satisfaire dans l'état d'innocence, qui exigeât qu'il se servît de sons articulés ? Créé avec un empire absolu sur tous les mouvemens de son cœur, doué d'un esprit borné, à la vérité, au milieu d'une étendue sans bornes, mais enrichi de connoissances, auxquelles nous n'arrivons, qu' après beaucoup d'étude et de réflexions, et que nous ne possédons jamais dans un dégré aussi éminent. L'ange même n'avoit presque rien audessus de lui; il étoit l'ange de la terre aussi bien que le roi.

La ſueur de ſon front n'avoit pas beſoin d'arroſer ſes travaux, et attentive à ſes beſoins la terre lui produiſoit ſes fruits et ſes fleurs ſans culture et ſans ſoin; il ne trouvoit partout, où il promenoit ſes regards, que des objets capables de flatter ſon innocente curioſité. Eve dont les attraits toujours nouveaux, lui préparoient toujours de nouvelles délices, partageoit avec lui les charmes d'un ſi heureux ſéjour. L'univers entier étaloit en tout lieu ſa beauté naiſſante, et ſoumis à ſon auteur conſpiroit au bonheur de ſon roi.

La faim, la fatigue, la ſoif, les maladies, enfin, tous les maux de la nature ne pouvoient altérer le bonheur de ſa vie. Il n'eut pas beſoin d'attendre une longue expérience pour connoitre les merveilles de la nature. Il n'eut point à essuyer les pleurs de l'enfance, les fougues de la jeunesse, les soins de l'âge viril, ni les incommodités de la vieillesse. La chair étoit soumise à l'esprit. Chaque chose étoit dans l'ordre. L'animal craignoit l'homme, et l'homme craignoit Dieu. Soumis aux ordres de son Créateur Adam joignoit l'adoration intérieur de son cœur à l'hommage tacite des créatures muettes, et sous un Dieu juste rien ne pouvoit le rendre malheureux, tandis que rien ne donneroit atteinte à son innocence.

Vous me pardonnerez, Monsieur, cette digression que je fais en faveur de mon hipothèse: elle étoit nécessaire pour vous faire

voir

voir l'état de perfection, dans lequel fut créé le premier couple, le plus heureux et le plus malheureux qui fût jamais. Le portrait que j'en ai fait, est audessous de l'original.

Le moindre coup d'œil, un geste, un mouvement, le silence même étoit expressif. Par leurs regards mutuels ils se fesoient une communication réciproque de ces tendres sentimens passionnés et innocens, inconnus à leur postérité : l'amour le plus pur les animoit.

Combien de fois n'avons nous pas vu des personnes ou accablées de tristesse, ou gémissant sous le poids d'une pauvreté accablante, dont les haillons qu'elles trainoient à leur suite, étoient plus expressifs, plus pathétiques que tous les discours les plus fleuris sur la pauvreté? Les soupirs, les yeux abbatus, leur démarche, tout jusqu' à leur maintien, et même leur silence nous fesoit voir leur état, leurs besoins mieux qu'un langage articulé. C'est que les sensations de la vue sont plus vives, que celles de l'ouïe. Si vous avez jamais aimé passioné-ment, vous pouvez savoir par expérience, combien le langage muet des cœurs est éloquent et expressif: mais, par malheur, la mode en est passé : les grimaces, les discours flatteurs et séduisans ont pris sa place.

Je reviens à nos innocens cultivateurs. Ce couple aïnsi assorti n'eut pas besoin d'expressions articulées pour se communiquer ses ardeurs mutuelles, ardeurs toujours marquées au coin de l'innocence. Heureux s'ils eussent toujours persévérés à rendre le tribut qu'ils devoient à l'auteur de leur existence, de leurs plaisirs et de leurs joies. Leur désobéissance fit naitre tous nos maux : le moindre est la nécessité de nous exprimer par des sons articulés.

La parole est une suite du péché ; nous n'avons pas ces facilités de nous faire entendre par des signes, qui furent l'appanage de l'innocent Adam, il nous faut des signes artificiels et articulés : le besoin les a inventés, le besoin les maintient, et le caprice les varie, les change, les introduit à son gré.

Adam n'avoit point de liaison dans le séjour d'innocence, qui demandât un verbiage aussi inutile que gênant. Son Dieu, son épouse, voilà les deux objets qui occupoient toute son attention, tous ses soins. Dieu entend le langage du cœur, celui-là même est le principal langage: sans lui tout ce verbiage de prières que nous marmotons souvent sans attention, est plutôt une insulte qu'un hommage. Eve lisoit dans les yeux d'Adam les transports de son ame.

Rien que le préjugé peut combattre des conjectures si vraisemblables, fondeés sur des preuves si sensibles et si convaincantes. Vous savez, Monsieur, et je vous en ai averti, ce ne sont pas des preuves géométriques, mais dans des questions de fait de cette nature, que pouvons nous faire, que de hazarder des probabilités ?

Ceux qui s'imaginent qu'Adam parloit avant sa chute, sont-ils fondés sur des preuves plus solides? Vous me répondrez qu'ils sont fondés sur l'Écriture. Mais je tâcherai de vous faire voir qu'ils ne peuvent s'autoriser de l'Ecriture sur ce point de fait. Ce n'est pas la place d'en parler ici: ce sera le sujet d'une autre lettre.

Ne croyez pas, Monsieur, que j'aie dessein d'éluder toutes les objections, que l'on peut proposer contre mon opinion: je leur rendrai tout l'honneur qu'elles méritent: j'ai celui d'être,

MONSIEUR,

Votre très humble, très obéissant serviteur,

* * *.

LETTRE V.

MONSIEUR,

JE crois avoir assés prouvé dans mes lettres précédentes un fait, qui de lui-même est fort stérile en preuves. La distance des tems et des lieux ne nous permet pas d'en trouver d'aussi convaincantes, que celles d'un problême de géométrie. Toutes les autres que je pourrai vous marquer dans la suite, sont analogues et subséquentes aux premières.

Après avoir établi qu'Eve et Adam ne parlèrent pas un langage articulé avant leur chute, il est aisé de conclure, que les signes dont ils se servirent, leur tenoient lieu de langage: ils étoient aussi expressifs, que le sont nos mots inventés par le besoin, établis par l'usage, changés, al-

térés

térés par la vicissitude des tems, aussi bien que par le caprice et par l'amour de la nouveauté.

Ces signes leur étoient naturels, sans être articulés, nos mots sont factices ; leurs signes étoient univoques et sincères, nos mots sont souvent équivoques, et le cœur n'est pas toujours d'accord avec la bouche ; leurs signes étoient le simbole de ces chérubins gardiens de l'arche ; qui se regardoient mutuellement, et dont le langage muet étoit plus expressif que les himnes, que les Hébreux chantoient à l'honneur de leur libérateur.

Heureux si nos premiers parens eussent persévéré dans cet état d'innocence, mais de tout tems l'amour de la nouveauté a occasionné des révolutions.

Eve

Eve avoit un cœur, elle étoit curieuſe, c'étoit aſſés pour devenir criminelle. Réfractaire au précepte le plus facile, elle veut gouter d'un fruit qui lui paroit agréable à la vue ; elle étoit libre ; elle veut ſavoir s'il eſt également doux au gout.

Un arbre eſt planté dans Eden, il porte des fruits qui contiennent la ſcience du bien et du mal. Séduite par l'exemple du ſerpent, Eve s'imagine pouvoir en gouter impunément, malgré la défenſe faite à Adam.

Ne vous imaginez pas, Monſieur, que cette tentation ſe ſoit faite par le moyen d'un dialogue entre Eve et le ſerpent. L'exemple ſeul ſuffit pour frayer le chemin aux crimes les

plus

plus atroces ; persuasion souvent plus forte, que tous les discours les plus séduisans et les plus persuasifs. Et surtout quand le cœur est d'intelligence, on ne marchande plus ; le premier pas ne coute rien ; on entre dans la carrière, et souvent on devient criminel sans presque penser au crime.

Le serpent, à qui aucun fruit n'étoit défendu, et qui aussi bien que tous les autres animaux se nourissoit des biens que la nature avoit produits, se repaissoit d'un fruit qui étoit défendu à nos premiers parens, sans autre raison peut-être, que pour éprouver la fidélité et l'obéissance de ce couple heureux.

Eve voyant que le ſerpent en mangeoit ſans mourir, s'imagina que la mort ne ſeroit pas la conſéquence de ſon crime, que d'ailleurs elle ſe procureroit une connoiſſance, qu'elle n'avoit pas alors. Enivrée de cette idée flatteuſe et chimérique, elle porte une main chancelante ſur le fruit défendu, mais l'eſpérance trompeuſe de l'impunité la raſſure, elle le cueille, elle en goute.

Satisfaite de ſa curioſité, elle en va préſenter à Adam. Ce premier homme ſi complaiſant pour la première femme, ne juſtifie que trop nos penchans pour un ſexe aimable et enchanteur : il ſit par complaiſance dans le paradis, ce que nous ſeſons ſouvent ſur la terre par inclination.

Sans

Sans penser aux suites fatales de sa désobéissance, ou plutôt, abusant des droits de sa liberté, il accepte le présent perfide, et pour comble de forfait, il le met à la bouche et en mange! Voilà l'époque trajique de nos malheurs.

A l'instant ses yeux s'ouvrent à son crime. Ces signes qui étoient si expressifs, par lesquels Eve pouvoit lire les transports et les mouvemens du cœur de son mari, sont désormais équivoques. Il voudroit articuler des sons plaintifs et lugubres, il ne sauroit: sa langue ne peut proférer les remords de son cœur. Son abbatement, son état humiliant, son air triste et morne, les soupirs, que sais-je? tout l'attirail d'un criminel et d'un malheureux

parlent

parlent assés et font voir à Eve l'exces de sa douleur.

Adam connoit son crime, il en gémit: il lui reste une ressource ; la fuite: il la saisit, et il se cache: mais le Dieu vengeur le poursuit.

Les monstres irrités, qu'il avoit ves autrefois souples, et dociles flatter son innocente curiosité, ne reconnoissent plus leur roi, ils rugissent autour de lui, et vengent les premiers la plus noire ingratitude. Les sombres nuages obscurcissent le flambeau de sa raison. Le ciel est d'airain. Au lieu d'un agréable printems, il voit succéder l'hiver et ses frimats. Les épines blessent. Le feu s'élance. Toute la nature se mutine et se révolte. Le parallèle

lèle de ſes misères préſentes avec ſa félicité paſſée lui cauſe les plus grandes amertumes.

Héritiers trop malheureux de ce père prévaricateur, nous n'éprouvons, que trop, les ſuites funeſtes de ſon péché. Son crime fit tous nos malheurs. Affligeante réflexion! Je la quitte et je reviens à l'auteur de nos maux.

Ses ſens ſont obſcurcis, la perception n'eſt plus la règle infallible de ſes connoiſſances, un nuage épais ſe répand ſur ſes yeux. La diſtance des objets lui en ôte la connoiſſance. La nature a pour lui des miſtères. La vengeance divine marche à ſes traces et lui marque une affreuſe deſtinée, qu'il entrevoit dans l'amertume de ſon ame.

Eden

Eden n'eſt plus ſon paradis, c'eſt le théâtre de ſa déſobéiſſance ; c'eſt auſſi celui de ſes malheurs. La terre eſt déſormais le lieu de ſon exil, terre maudite dans ſes productions. Le beſoin lui montre la néceſſité de la cultiver.

. . . .

Croire et ſoutenir, qu'il y eut un dialogue après la chute, entre Dieu, Adam, Eve et le ſerpent, eſt une ſuppoſition erronée, fondée, je ne ſais, ſur quel préjugé. Dieu a-t-il beſoin d'articuler des ſons pour juger des coupables, pour punir des criminels ? Non ſûrement : la conſcience du tranſgreſſeur ſuffit toute ſeule pour lui faire voir l'énormité de la tranſgreſſion. Voilà la voix de Dieu ; elle parle au fond de nos cœurs.

D'ailleurs

D'ailleurs n'eſt-ce pas avilir la majeſté divine, que de la faire entrer en converſation avec deux réfractaires, et même avec un animal tel que le ſerpent ? Il eſt vrai, l'Ecriture rapporte que Dieu parla à l'animal ſéducteur et à la femme ſéduite, mais elle met les œuvres de Dieu au niveau de nos foibles lumières. J'en parlerai plus amplement, quand je répondrai aux objections dans une autre lettre.

Je me ſouviens d'avoir lu, que St. Ambroiſe croyoit que le ſerpent avant ſa condamnation marchoit comme l'homme et qu'il parloit comme lui, Hébreux ſans doute, puiſqu' Adam parloit cette langue, ſelon les partiſans de cette opinion, diſons mieux, de cette chimère.

Qui auroit donc appris au ſerpent à parler Hébreu? Dieu, ſûrement, ne lui avoit pas donné cette faculté-là, il ne l'avoit pas de lui-même. Cette ſuppoſition ridicule prouve que la tentation eſt une conſéquence de l'imitation, et non pas de la perſuaſion.

Pour éviter tout ce labirinthe de difficultés, pluſieurs s'imaginent que le perſuaſif tentateur n'étoit rien moins qu'un animal, ils tranchent le neud gordien et ſoutiennent que ce fut le diable lui-même, cet ange de tenèbres que Dieu précipita au fond de l'abîme.

Jaloux des ce qu'un homme goutât des plaiſirs, bienfaits de ſon créateur, dont il avoit été privé, lui qui étoit une intelligence céleſte,

prit

prit conſeil du déſeſpoir et du dépit, et ſe réſolut d'envelopper cet homme dans une ruine commune. Pour cet effet il prend la forme du ſerpent, et ainſi déguiſé il va trouver la femme, et l'engage par des diſcours ſéduiſans et des promeſſes flatteuſes à enfreindre la loi du Créateur.

Cette ſuppoſition eſt bonne pour un poëme épique, elle fait naitre des epiſodes. Le divin Milton qui l'a ſi heureuſement miſe en uſage ne croyoit pas que ce fût une vérité, non plus que le voyage qu'il ſait faire à Satan au travers des nues. Le philoſophe n'étoit pas d'accord avec le poëte. Il eſt permis au dernier de donner l'eſſor à ſon Imagination. Tel eſt auſſi le privilège des peintres.

——— Pictoribus atque poëtis
Quidlibet fingendi ſemper fuit æqua poteſtas.

En parlant de privilèges, permettez que j'aie celui de me dire et d'être conſtamment,

MONSIEUR,

Votre très humble, très obéiſſant ſerviteur,

***.

LETTRE VI.

MONSIEUR,

JE me ſuis engagé à répondre aux objections qu'on s'imagine pouvoir tirer de l'Ecriture contre mon ſentiment. Je dégage ma promeſſe.

L'Ecriture

L'Ecriture eſt la règle de notre foi, c'eſt la parole de Dieu, parole infiniment reſpectable ; elle porte l'empreinte de la divinité : parole écrite par des hommes inſpirés, dictée par l'Eſprit ſaint, ſouvent mal interprêtée, toujours le bouclier de chaque ſecte et de chaque religion. On la martiriſe pour ainſi dire.

Vons le ſavez, Monſieur, les antropomorphites alloient chercher dans les livres ſacrés des preuves de leurs erreurs. Je ne prétends pas faire l'énumération des autres ſectes, elles rempliroient ſeules un volume *in folio*. L'Ecriture ſainte ne contient point d'erreurs, mais les ſottiſes de l'eſprit humain ſont ſans nombre ; et la plûpart ſont des ſottiſes rarement amuſantes, ſouvent dangereuſes, preſque toujours ridicules.

La

La première objection qu'on peut tirer de l'Ecriture paroit fondee sur ce qu' Adam dit à Eve, *voilà l'os de mes os et la chair de ma chair.*

A celà je réponds qu' Adam ne prononça pas ces paroles, mais Moyse les écrivit sous la dictee de l'esprit saint, qui sans doute avoit ses raisons trop impenétrables à la foiblesse de l'homme.

Adam pouvoit-il savoir, que cet objet nouveau fût effectivement une partie de lui-même? Il n'en eut pas la moindre connoissance. Dieu fit cette opération pendant le sommeil d'Adam, et le sommeil, disons nous ordinairement, est l'image de la mort; comment donc Adam pouvoit-il deviner, qu'Eve eût été tirée d'une

de

de ſes côtes ? Dira-t-on qu'il le ſut par inſpiration ? Mais pourquoi multiplier les miracles ſans néceſſité ?

A la vérité Adam eut pour elle toute la tendreſſe, qu'un époux épris de la plus ſorte et innocente paſſion peut avoir pour ſon épouſe. Ses regards, ſes raviſſemens, ſes tranſports, ſes extaſes à la vue d'un objet ſi charmant, ne le prouvoient que trop ſenſiblement : la nature elle même nous en fournit la raiſon.

De tous les ouvrages de la création, il n'y en avoit point qui eût plus de rapport à l'homme que la femme. Son air, les traits de ſon viſage, ſa démarche majeſtueuſe, toute ſa perſonne feſoit voir en elle une compagne mieux aſſortie, que tous les animaux.

Ce qui fonde cette conjecture, c'eſt qu' après avoir vu tous ces derniers Adam, dit l'Ecriture, *ne trouva point d'aide pour lui.* Il n'eſt donc pas étonnant que ſemblable au premier homme, Eve attira dans l'inſtant toute ſon affection.

De là nous pouvons conjecturer, que Moyſe rapporte ces paroles pour nous faire voir l'amour et l'affection qu'un homme doit avoir pour ſa femme. Ces paroles ſont encore aujourdui le ſimbole de l'amour que Jeſus Chriſt a pour ſon egliſe.

Une autre objection que l'on peut tirer de l'Ecriture, est fondée sur les noms qu' Adam imposa aux animaux et aux oiseaux après les avoir fait passer en revue comme un inspecteur fait passer en revue une troupe de soldats ; à une différence près, c'est que les derniers ne sont pas tous bêtes et que les autres ne sont pas tous quadrupèdes.

Le respect que j'ai pour tout ce qui porte l'empreinte de la divinité, me prescrit des bornes ; je ne les passerai pas. Une réponse sérieuse et solide détruira cette objection ridicule prise dans un sens littéral.

Que penser du silence de l'Ecriture sur les noms qu' Adam donna aux plantes, aux arbres,

bres, et à toutes les autres productions de la nature, qui entrent, auffi bien que les animaux et les oifeaux, dans l'économie de la création ? Ne peut-on pas conclure que l'Ecriture, en ne parlant que des derniers, nous a voulu faire entendre que par les noms impofés, elle entendoit quelque chofe d'allégorique ?

Combien d'exèmples n'avons nous pas où il faut s'écarter du fens littéral ? A chaque page de l'Ecriture et furtout de la Genèfe, nous ne pouvons entendre littéralement des chofes qui feroient non feulement baffes et triviales, mais incompatibles avec l'idée que nous avons de la divinité.

Les

Les antropomorphites interprétoient l'Ecriture littéralement, de là ils se firent un Dieu corporel, ils lui attribuoient des pieds, des mains, des yeux. Voilà les dangers, et les suites d'une interprétation littérale de tous les passages de l'Ecriture.

Ceux qui voudroient interpréter littéralement les scènes qui se passèrent entre Dieu, Adam, Eve, et le serpent, ne changeroient pas, à la vérité, un mistère en une opinion dangereuse pour la foi, mais ils en feroient une ridicule traji-comédie dont la scène feroit à Eden.

N'est-ce pas avilir la majesté divine, que de dire que Dieu se promena réellement dans le

jardin ?

jardin ? Qu'il appella Adam ? Comme s'il eût eu besoin de s'informer d'une chose qu'il ignoroit, ou comme si quelque chose étoit inconnu à un être, dont l'essence est la lumière, et qui en est revêtu comme d'un vêtement.

L'Ecriture nous dit que le Créateur fit les ouvrages de la création en six jours, qu' après chaque production de sa puissance, il scella de son approbation l'ouvrage produit, en disant qu'il étoit bon, et qu' après le sixième jour il se reposa.

Quelles absurdités ne s'ensuivroient pas, si dans tout ceci nous suivions le sens littéral ? qu'il y a en Dieu succession, repos et mouvement.

Dieu

Dieu n'a point parlé en produisant les ouvrages de la création. L'acte de sa volonté fut Créateur, et le monde sortit du néant. Dieu dit par un seul acte de sa volonté, *que la lumière paroisse, et la lumière parut.* Moyse rapporte ces sublimes paroles, parce qu'elles donnent une haute idée, et de la puissance du Créateur, et des ouvrages de la création.

D'ailleurs il n'y a en Dieu, ni repos, ni mouvement. Présent partout par son immensité, il agit toujours par sa puissance. Le moucheron qu'il conserve, est un acte de création continuelle, comme le moucheron qu'il produit, est une création momentanée ; l'une et l'autre entrent dans l'économie de la toute puissance divine.

L'Ecritur

L'Ecriture en nous donnant une defcription fi variée, et fi détaillée de la création fe met à la portée de nos foibles conceptions. Borné de toutes parts l'efprit de l'homme ne peut atteindre aux chofes divines.

Les œuvres de Dieu font des énigmes pour nous. Nous les voyons des yeux du corps, mais ce n'eft que la fuperficie. Les refforts de la production nous font inconnus. La nature a fes miftères, non moins impénétrables que ceux de la religion. Notre raifon doit plier fous la foibleffe de fes lumières.

Si Adam avoit impofé des noms aux animaux, il eft probable qu'il en auroit impofé aux autres ouvrages de la création. L'Ecri-

ture

ture n'auroit pas manqué de nous le marquer: elle se tait sur cet article. Delà il est aisé de conjecturer, que par les noms, elle entend cette autorité, cette puissance, ce pouvoir, que le chef d'œuvre des merveilles du tout puissant devoit exercer sur ces êtres irraisonables destinés à ses plaisirs, aussi bien qu' à ses besoins. Le droit d'autorité renferme dans son idée celui d'imposer des noms.

On peut encore entendre par les noms qu' Adam imposa aux animaux, la revue qu'il en fit, pour voir s'il ne trouveroit point un aide semblable à lui, ce qui semble confirmer cette conjecture, c'est le texte que j'ai rapporté en répondant à la première objection.

Les

Les partiſans de l'hipothèſe que je combats diſent qu' Adam impoſa des noms convenables à la nature de chaque animal, deſorte qu'un lion eut une dénomination qui montroit ſa férocité. Suppoſition auſſi baroque, qu'elle eſt inſoutenable et contraire au bon ſens.

Les noms des animaux furent impoſés, ſelon eux, avant la chute. Comment donc Adam pouvoit-il impoſer un nom au lion, au lion, au tigre et aux autres animaux féroces qui montrât leur nature et leur férocité? puis que cette dernière qualité n'eſt qu' une ſuite du péché. L'homme s'étoit révolté contre Dieu, l'animal ſe révolta contre l'homme, et la révolte d'un être privé de raiſon, contribua à punir la révolte d'un être raiſonnable.

Adam

Adam pouvoit-il prévoir ſon péché, et les ſuites qui en réſulteroient ? Toutes ſes connoiſſances réunies ne pouvoient lui faire deviner ce qui étoit caché dans les tréſors de la ſcience de Dieu. Si donc Adam ne pouvoit percer les ſombres voiles de l'avenir, la conſéquence eſt encore la même, il s'enſuit qu'il ne pouvoit impoſer des noms analogues à la nature des animaux.

Ces noms ſeroient encore aujourdui en uſage ſuivant l'hipothèſe de ceux qui interprètent littéralement ce paſſage, ces noms n'étoient point paſſagers; Adam, dit l'Ecriture, nomma le nom de chaque animal, et c'étoit ſon nom, nom permanent ſans doute et qui devoit paſſer dans la poſtérité,

Suivant ce ſentiment, il falloit qu' Adam changeât ces noms après ſa chute, puiſque nous n'avons plus les mêmes, et que le lion et quelques autres animaux étoient devenus féroces ; ainſi le premier nom n'étoit plus analogue. Quel labirinthe de difficultés, d'hipothéſes inſoutenables, dans l'opinion que je combats !

Sans doute que nos interprètes matérialiſtes s'imaginent, que Dieu articula ces paroles parlant aux poiſſons de la mer : *croiſſez et multipliez-vous*, c'eſt ainſi que l'Ecriture le rapporte ; au lieu qu'il n'y a rien de ſi digne de la majeſté divine, que d'entendre par-là, que Dieu donna aux poiſſons une propenſité, un inſtinct, qui les

portât

portât naturellement, ſuivant l'économie de leur nature, a la propagation de leur eſpèce.

Ceux qui prétendent trouver dans ces paroles un commandement, pouſſent trop loin l'abſurde et le ridicule pour mériter une réponſe.

Quant à l'homme à qui on ſuppoſe que ces paroles aient été addreſſées, ſoutenir que c'eſt un commandement, c'eſt abuſer de la crédulité publique, et lui en impoſer par des ſuppoſitions démenties par l'expérience. Nous en trouvons la fauſſeté dans notre propre cœur.

Adam ſans doute n'étoit pas créé pour partager ſeul les agrémens d'Eden, et s'il n'eût pas péché, il auroit eu une poſtérité par la voie de la génération, et comme cette voie n'eſt pas criminelle dans les poiſſons, ni dans les animaux, elle n'eût pas été criminelle dans l'homme, qui reçut le même privilège ſcellé des mêmes paroles.

Pour cet effet Adam n'avoit pas beſoin d'un commandement pour remplir les deſſeins de Dieu. La nature étoit un guide ſûr. Eve réuniſſoit en elle tous les attraits qui pouvoient toucher ſon cœur. Des appas céleſtes brilloient dans ſes yeux, et comme l'aimant attire le fer, le cœur d'Eve attiroit celui de ſon cher époux. Dieu les avoit créés *mâle*

et

et femelle, voilà le dénouement de ce prétendu précepte : Ils n'avoient qu'à ſuivre naturellement le penchant de leur cœur. La vue excitoit les déſirs, les déſirs tendoient à l'action, et le cœur étoit d'intelligence.

Encore moins à préſent, dans l'état de la nature corrompue, avons nous beſoin de commandement qui nous enjoigne la propagation. Je ne ferai point de gloſe ſur cet article, c'eſt une propoſition, qui n'a pas beſoin de commentaire. J'obſerverai ſeulement, que s'il y a un tel précepte, il eſt le plus fidèlement et le plus généralement ſuivi. Voici la raiſon, je n'en ajouterai point d'autre, il flatte la nature et ſes loix.

Oserai-je vous prier, Monsieur, de me faire savoir le résultat de mes lettres. Vous les avez fait voir à vos amis. Je serai charmé de profiter de leurs lumières aussi bien que des vôtres, communiquez-les-moi; dussent-elles fronder mon opinion. Jusqu'à présent vous m'avez laissé suivre le fil de mes observations, sans m'en dire votre sentiment.

Quel peut être le motif de votre silence plus que pithagoricien ? La nouveauté de mon opinion a-t-elle allarmé les préjugés ? Le fait est possible; quoiqu'il en soit, faites moi le savoir, et s'il est vrai que vous ne faites que de maigres sacrifices à la paresse, je me flatte que vous déroberez quelques momens de vos occupations pour m'assurer du succès de

mes

mes lettres dans l'esprit de votre petit cercle d'amis.

Frisesomorum * a long tems usurpé l'empire du bon sens : je me souviens d'en avoir lu avec plaisir l'éloge funèbre. Que ne pouvons nous triompher avec le même succès de quelques autres préjugés ? Le Chancelier Bacon les appelloient fort énergiquement, DES IDOLES. Quelle honte pour la raison ! Mais, voici le comble de l'extravagance, on les adore.

Celui qui entreprend de dessiller les yeux d'une populace idolâtre, doit être prêt au combat. On arme de tous côtés contre lui. Les

* *Aristote.*

 aveugles

aveugles mêmes deviennent des héros, et quoiqu'ils ne voyent goute, ils frappent à tort et à travers : leurs coups ne portent pas toujours, mais enfin leur fureur eſt aſſouvie.

Je m'écarte de mon ſujet : j'en reprendrai le fil. Permettez auparavant que je vous aſſure, que le préjugé ne fit jamais naitre, et ne diminuera jamais les ſentimens d'eſtime avec leſquels j'ai l'honneur d'être,

MONSIEUR,

Votre très humble, très obéiſſant ſerviteur,

* * *.

LETTRE VII.

MONSIEUR,

VOS éloges ſont flatteurs. Perſonne ne ſait louer avec tant d'art. Quelles conquêtes ne devez-vous pas faire dans le monde féminin !

Vous me demandez un éclairciſſement ultérieur ſur le prétendu dialogue d'Eve et du ſerpent, ſur la chute et ſes ſuites. Pour ne rien vous laiſſer déſirer ſur cette matière, je vais tâcher de vous donner des preuves convaincantes que le ſerpent ne parla point à Eve.

D'abord, ou c'étoit un ſerpent naturel, ou le démon traveſti en ſerpent : ſi c'étoit un ſerpent naturel, il ne parloit pas : ſuppoſer

av

avec Saint Ambroise qu'il parloit, c'est supposer des choses plus mistérieuses que les mistères mêmes. Supposons qu'il parloit, quel intérêt avoit ce serpent de tenter Eve? Quels motifs pouvoit-il avoir de la faire déchoir de ses privilèges?

Assés rusé pour la tentation, ce rampant animal l'auroit-il été moins pour prévoir les suites qu'auroient ses persuasions artificieuses? Les seseurs d'hipothèses peuvent-ils supposer l'animal tentateur assés ennemi de son individu, que pour être l'instrument des malheurs dans lesquels il s'envelopperoit lui-même? Laissons toutes ces suppositions ridicules; l'opinion qui les fait naitre, l'est encore davantage.

C'étoit

C'étoit donc un démon travesti en serpent. Autre absurdité : opinion ridicule à tous égards. Les partisans des préjugés ne voyent-ils donc pas, que c'est déroger à la bonté du Créateur que d'introduire l'ennemi de l'homme dans le lieu le plus agréable de la terre, pour en faire un lieu detentation, de crime et de châtimens ? Qui auroit donc introduit ce démon ? Milton le fait passer au travers des airs, mais ce passage n'a pas plus de réalité, que la consultation infernale qui le précéda. Dans l'un et dans l'autre le poëte fait voir la fécondité de son imagination.

Diront-ils, que Dieu permit au démon de se travestir en serpent, et de tenter l'heureux couple jusque dans le séjour de sa félicité ? mais

Mais cette ſuppoſition ne s'accorde pas avec l'idée d'un Dieu bienfeſant, qui venoit de combler l'ouvrage de ſes mains des dons de la nature et de la grace. Cette ſuppoſition eſt injurieuſe à Dieu ; elle en feroit un être bizarre et contradictoire qui ne combleroit de bienfaits, que pour faire marcher les plus rudes châtimens à leurs ſuites. Ce n'eſt pas ainſi que Dieu ſe joue de ſes dons : ils ſont ſans regrets.

D'ailleurs la condamnation que l'on ſuppoſe avoir été lancée par des ſons articulés contre le ſerpent, détruit cette ſuppoſition et en démontre l'abſurdité.

Si Dieu avoit permis au ſerpent de tenter nos premiers parens, pourquoi l'auroit-il condamné à ramper ſur ſon ventre, et à manger de la pouſſière tous les jours de ſa vie ? Une choſe permiſe n'eſt jamais punie par les loix. Les légiſlateurs ne puniſſent jamais une choſe qu'ils permettent. Dieu le plus juſte, le plus ſage, le plus éclairé des légiſlateurs auroit-il donc condamné le ſerpent pour une choſe ſcellée de la permiſſion divine ?

Cette condamnation tombe ſans doute ſur le principal auteur de la tentation. Le ſerpent n'étoit point coupable de ce que Satan avoit pris ſa forme. Les brebis ne ſont point reſponſables, ſi, ſelon la figure de l'Evangile, une quantité de faux prophêtes ſe revêtent des

apparences

apparences de brebis, et ne ſont dans le fond que des loups raviſſans. Je pourrois éclaircir ceci par d'autres comparaiſons, mais les ſimilitudes ſont ſurperflues, où les raiſons ſont ſolides et convaincantes.

Il faut donc, que ce ſoit le démon qui ait été l'objet de cette condamnation. De-là il ſenſuit, que les partiſans des préjugés avouent, que ceci doit s'entendre allégoriquement. Nous ne voyons point de démon ramper ſur le ventre. Ou il faut qu'ils diſent, que c'étoit un ſerpent naturel, ce qui n'admettent pas eux-mêmes, parce qu'il ſeroit aiſé de conclure, que la tentation ne s'eſt pas faite par le moyen d'un colloque entre Eve et le ſerpent, à moins qu'on ne diſe avec Saint Ambroiſe, que le ſerpent

parloit

parloit avant la chute de l'homme : qualité qu'il conſerveroit encore ; d'autant plus que l'Ecriture ne dit pas qu'il en fut privé. Laiſſons cette ſuppoſition dans la claſſe des ridicules.

Il s'enſuit de tout ce que j'ai dit et de tout ce que rapporte l'Ecriture à ce ſujet, que cette tentation et ce ſuppoſé dialogue doivent s'entendre allégoriquement.

Quant à l'animal qui par ſon exemple excita la curioſité d'Eve, et fut la première cauſe de la chute d' Adam, je crois que c'étoit un Serpent naturel. Je n'admets point de miſtère, où il n'eſt pas néceſſaire.

L'Ecriture

L'Ecriture dit que ce ſerpent étoit le plus rusé de tous les animaux, je n'entreprendrai pas de déterminer en quoi conſiſtoit ſa ruſe : qualité dont il eſt bien déchu ; et ſi nous en croyons les fabuliſtes, le renard ne lui cède pas, et même l'emporte ſur lui en fait de ruſe.

S'il eſt permis de deviner, ne pourroit-on pas dire que l'épithète de ruſé ne fut donnée au ſerpent, qu'en conſéquence du choix qu'il fit du fruit de l'arbre de la ſcience du bien et du mal, préférablement à tout autre ?

Sans doute que les animaux pouvoient ſe nourrir indifféremment de tous les fruits qui étoient plantés dans le jardin d'Eden. La défenſe ne fut faite qu'à Adam et à Eve, dé-

fenſe

ſenſe écrite au fond de leurs cœurs. Deſtitués de raiſon les animaux n'étoient point ſuſceptibles d'une pareille prohibition dans le choix des alimens qui devoient leur ſervir de nourriture. La nature étoit leur loi, l'inſtinct leur guide.

Le ſerpent choiſit préférablement à tous les autres un fruit, qui étoit beau à la vue, et agréable au gout. Peu m'importe de ſavoir, ſi ce fut une pomme véritable : ce n'étoit pas une, telle que les poëtes feignent qu'on trouve dans le jardin des Heſpérides. C'étoit un fruit, auquel on donne communément le nom de pomme. Je vous ai déjà dit, qu' Eve vit le ſerpent manger impunément de ce fruit, qu' elle fut tentée de ſatisfaire ſon gout après avoir ſatisfait ſa vue. En conſéquence elle en prend, en mange, et en préſente à Adam.

L'Ecriture pour nous donner une vive deſcription de ce grand évènement, qui produiſit encore de plus grandes révolutions, nous fait voir ſous l'emblême d'une converſation entre Ève et un ſerpent les dangers de la flatterie, qui gliſſe ſon venin imperceptiblement comme cet animal rampant, ſouvent caché ſous des fleurs. Emblême trop naturelle d'un flatteur.

Elle nous repréſente les ſuites de l'ambition et d'un déſir immodéré de s'élever à des connoiſſances audeſſus de la ſphère d'un ſimple mortel.

L'Esprit saint a ses vues, il nous instruit par des paraboles. Il falloit celà pour les Hébreux, ils en étoient jaloux. L'Ancien et le Nouveau Testament sont pleins de ces paraboles.

Je quitte les figures allégoriques. C'est dans le sens le plus littéral, que j'ai l'honneur d'être,

MONSIEUR,

Votre très humble, très obéissant serviteur,

* * *.

LETTRE VIII.

MONSIEUR,

UNE preuve eſt ſouvent l'avant-coureur d'une autre : elles ſe réuniſſent à l'établiſſement d'une hipothèſe ſoutenue par des conjectures vraiſemblables. Le fondement étant ſolide, l'édifice l'eſt en conſéquence.

Après avoir prouvé, que l'innocent cultivateur ne proféra point de ſons articulés, qu'il n'y eut pas de dialogue entre Eve et le rampant animal, il eſt aiſé d'expliquer les ſuites de la première chute de l'homme.

Déchu de ſes privilèges l'apoſtat d'Eden cherche à ſe cacher dans un coin du jardin, qu'il venoit de ſouiller par une lâche ingratitude ;

tude ; il reconnoit ſa nudité : il la couvre de feuilles de figuier. Il commence à ſentir vivement ſes beſoins, et la raiſon lui fournit les moyens d'y pourvoir et de les ſatisfaire.

L'Ecriture dit que Dieu ſe promena dans le jardin, qu'il appella Adam par ſon nom, qu'il s'informa du lieu de ſa retraite et de ſa fuite. Adam lui répond : *Seigneur, j'ai eu peur de vous, et je me ſuis caché de votre face. La femme que vous m'avez donnée pour compagne, m'a trompé.* Dieu en demande la raiſon à Eve. *Le ſerpent m'a ſeduite,* répond elle. *Parceque,* dit Dieu au ſerpent, *tu a trompé la femme, tu ramperas ſur ton ventre* . . . . Et à la femme : *tu enfanteras avec douleur* . . . . Et enfin à l'homme : *tu mangeras ton pain à la ſueur de ton*

 front,

front, et quoiqu'elle arrofe tes travaux, la terre te produira des ronces et des épines.

Que penfez-vous, Monfieur, de cette fcène fi intéreffante et fi pathétique ? Dieu agit-il ainfi avec les foibles mortels, qui ofent tranfgreffer fés loix ? non fûrement. Maitre abfolu des deftins, fes voyes font immuables. Il n'a pas befoin de faire entendre une voix articulée pour parler au pécheur, et lui reprocher fon ingratitude. Le bruit de fon tonnerre intimide le tranfgreffeur de fes loix, fes propres remords achêvent de le confondre.

L'Efprit faint nous repréfente les conféquences inévitables d'une tranfgreffion, qui devoit avoir des fuites fi naturelles. Rien de plus naturel, que de rejetter les fautes les uns ſur les autres. On aime à trouver l'apologie de ſes crimes dans l'exemple, ou dans la perſuaſion d'autrui.

Adam qui rejetta la faute ſur Eve, celle-ci qui la rejetta ſur le ſerpent, montrèrent dès-lors, quelles ſont les reſſources de l'amour propre et d'une conſcience agitée par les remords. Comme la punition ſuivit immédiatement le crime, il n'eſt pas ſurprenant, que ces deux malheureux tâchaſſent de ſe juſtifier devant la voix de Dieu, qui parloit au fond de leurs cœurs.

Si les châtimens étoient aujourdui auſſi éclatans, et qu'ils marchaſſent à la ſuite de la transſgreſſion, on ne verroit pas tant de tranquiles ſcélérats. Une partie du monde feroit ſans ceſſe des reproches à l'autre.

Sans doute que nos premiers parens ſe ſervirent de ces reſſources ſi naturelles au pécheur. Leurs regards triſtes et abbatus, les ſanglots, les ſoupirs ne furent que des échos trop fidèles, et de leurs reproches réciproques, et de leur apologie imaginaire.

La terre qui devoit produire ſes fruits et ſes fleurs ſans culture, ſi l'homme eût perſévéré dans la ſoumiſſion, et la dépendance qu'il devoit à l'auteur de ſa félicité, ſe couvrit de ronces et d'épines. La ſtérilité ſe répandit ſur elle, et privé de ſes privilèges l'homme devoit

la

la cultiver. Tout celà eſt une ſuite du péché, et le moment qui vit l'homme coupable, le vit foible, deſtitué, malheureux. Le travail devint ſon appanage.

Eve qui avoit contribué au malheur d'Adam, devoit en partager les ſuites avec lui. Compagne inſéparable des plaiſirs de ſon mari dans Eden, elle le devoit être de ſes travaux ſur la terre frappée de ſtérilité.

Au milieu de ce tourbillon de maux, l'homme étoit encore fait pour gouter des plaiſirs : celui de ſe voir reproduit dans des individus, fut celui qui flatta le plus ſenſiblement le cœur d'Adam. Tout y contribuoit. Sa propre foibleſſe et ſon penchant ; il étoit homme. La beauté d'Eve et ſon ſexe; elle étoit femme. La nature fut leur légiſlateur et leur modèle; la terre le champ de leurs plaiſirs et de leurs travaux.

Les enfantemens douloureux ſont une ſuite naturelle de la propagation de l'eſpèce humaine. Qui ſait ſi Eve n'eût pas enfanté avec douleur, même dans le jardin de délices. Les maux de l'enfantement, ſelon l'Ecriture, ne furent que multipliés. Je paſſe rapidement ſur ces queſtions abſtraites et métaphiſiques.

Les douleurs de l'enfantement ne ſont qu'une petite punition en comparaiſon de cette inondation générale de maux qui ſe répandirent ſur la face de la terre. Les femmes ſub-

iſſent

issent volontiers ces douleurs pour jouir du plaisir de se voir mères. Cette assertion n'a pas besoin de glose, aussi ne fais-je que l'indiquer.

Une autre question analogue aux précédentes reste encore à éclaircir. C'est la condamnation du serpent. Il fut condamné à ramper sur le ventre, et à manger de la poussière tous les jours de sa vie, il ne rampoit donc pas auparavant, et ne mangeoit point de poussière. Voilà comme on raisonne et la conséquence est juste : je la tire de même. Tout ce que je prétends, c'est qu'il n'y eut point de son articulé, ni de la part du Dieu condamnateur, ni de celle du serpent condamné.

La

La conſéquence que j'ai tirée, a fait croire à quelques pères de l'égliſe, que le ſerpent marchoit droit comme l'homme. Cette opinion ne paroit pas aſſés fondée, je n'y puis ſouſcrire. Ce qu'il y a de probable, c'eſt que le ſerpent ne rampoit pas, au moins toujours. Le reſte eſt douteux.

Ne pourroit-on pas dire avec ſondement, que le ſerpent s'élevoit quelquefois en l'air, et ſe ſoutenant ſur la terre comme ſur une baſe, qu'il s'élançoit par un mouvement progreſſif ? Quoiqu'il en ſoit, je ne déciderai rien ſur cet article. Tout ce qu'on en peut conclure, c'eſt que, comme j'ai dit, ce ſerpent n'étoit pas un démon traveſti.

Dieu

Dieu auroit-il condamné le démon à ramper ſur le ventre, à manger de la pouſſière tous les jours de ſa vie ? Un eſprit pur n'eſt ſûrement pas propre à ce manège. Dieu ne l'auroit-il pas plutôt renvoyé dans ſon lieu de ténèbres. L'Ecriture ſainte auroit-elle gardé le ſilence ſur un fait auſſi eſſentiel à l'hiſtoire trajique de la chute de notre premier père, dont chaque particularité devoit être ſi intéreſſante à ſes deſcendans ?

D'ailleurs ſi cette condamnation ne tombe que ſur le ſerpent, voilà le moins coupable, ou plutôt l'innocent puni, et le principal auteur de tous maux Satan échape à la punition. Dira-t-on, qu'il fut également puni ? Mais en quoi ? L'Ecriture n'en dit mot. Il eſt certain qu'il ne pouvoit pas ramper ſur le ventre, manger de la pouſſière tous les jours de ſa vie, être maudit entre tous les animaux de la terre, et que par conſéquent il ne pouvoit être l'objet de la condamnation : elle devoit naturellement tomber ſur celui qui pouvoit ramper, manger de l'herbe, vivre avec les animaux. — Voilà un labirinthe. C'eſt aux partiſans des fictions à en ſortir.

Vous voyez, Monſieur, rien de ſi ſimple, rien de ſi plauſible que ma façon d'expliquer la chute et ſes ſuites. Si mon opinion n'eſt pas évidente, elle a du moins l'avantage ſur toutes les autres d'approcher de la probabilité. Mettez en parallèle les raiſons de part et d'autre, vous êtes ſans prévention. Décidez. Je devine

vine déjà de quel côté panchera la balance. La nouveauté de mon ſiſtème ne peut effrayer que le préjugé. La raiſon l'approuve, le bon ſens y ſouſcrit.

La tête du ſerpent eſt l'emblême du péhé. Voilà le dénouement de ces paroles : *et une emme t'écraſera la tête.*

Par cette femme, les interprêtes entendent ordinairement la VIERGE MARIE qui par ſa conception ſurnaturelle du Verbe incarné a détruit le péché figuré par la tête de cet animal qui, par ſon exemple, fut l'occaſion de la chute d'Adam.

Voilà,

Voilà, encore un coup, une interprétation allégorique. Perſonne, je m'imagine, dans l'opinion que je combats, eſt aſſés dépourvu de ſens commun pour expliquer ces mots littéralement, qu'une femme devoit écraſer la tête du démon. C'eſt pourtant ce ſens littéral, que ſont obligés d'admettre les partiſans des préjugés, qui s'imaginent que cet eſprit ténébreux étoit le tentateur.

Dans leur hipothèſe, point d'autre reſſource que le ſens allégorique, et c'eſt le ſeul dans cette hipothèſe qui ſoit plauſible, s'ils veulent ſe mettre à l'abri de toutes les abſurdités les plus groſſières.

Mon

Mon ſiſtème a cet avantage, que ſans m'écarter du ſens allégorique, je puis ſuivre le ſens littéral. Sans doute qu'un ſerpent rampant ſur ſon ventre devoit être quelquefois exposé à être foulé aux pieds. Ce phénomène n'eſt pas extraordinaire.

Quelque demonſtratives et convaincantes que ſoient pluſieurs de mes preuves, elles n'approchent pourtant pas de la certitude de l'attachement le plus inviolable avec lequel je ſerai toujours,

MONSIEUR,

Votre très humble, très obéiſſant ſerviteur,

* * *.

LETTRE IX.

MONSIEUR,

AVANT que de ſuivre les fugitifs exilés d'Éden, un paſſage de l'Ecriture analogue au grand évènement, qui ſuivit leur exil, me ſemble avoir beſoin d'éclairciſſement. Je crois avoir ſuffiſamment prouvé par des preuves poſitives et negatives qu'il n'y eut point de colloque entre Dieu, Adam, Eve et le ſerpent, que tout ce que rapporte l'Ecriture à ce ſujet, doit s'entendre allégoriquement.

Je n'ai point prétendu me diſtinguer par des paradoxes, encore moins par des preuves abſtraites et métaphiſiques, unique reſſource des amateurs du ſens littéral. Liſez leurs interpréta-

tions

tions ; qüelle gêne, quelle torture dans l'explication d'un phénomène si simple en lui-même!

Rebutés par un vaste cahos de difficultés et d'obscurités, qui sont à la suite du sens littéral, quelques-un sont entièrement rejetté ce dernier sens, et ont tout expliqué, même la chute, dans un sens allégorique.

Egalement éloigné et d'une vaine présomption, et d'une téméraire audace, j'ai pour les divines Ecritures toute la vénération, qu'exige l'autorité la plus respectable. Je n'ai donc garde de révoquer en doute, ni la fidélité de l'historien, ni la vérité de l'histoire. Je ne suis point du nombre de ces prétendus esprits-forts dont la société fourmille, et dont tout le mérite conſiſte à éviter un abîme imaginaire, pour ſe jetter dans mille et mille abîmes réels. Pour ne pas croire un miſtère inconçevable, ils ſuivent aveuglément des erreurs incompréhenſibles.

Oui, Monſieur, ma foible raiſon pliera toujours ſous l'autorité ſouveraine. Quoi, diſoit-un ancien philoſophe, nous ne connoiſſons pas ce qui rampe à nos pieds, et ſpectateurs oiſifs des merveilles du Tout-puiſſant, nous voulons ſonder ſes profonds abîmes.

La chute de notre premier père eſt un miſtère incompréhenſible en ſes ſuites ; l'incarnation du Verbe, la rédemption du genre humain

humain le ſont en elles-mêmes. A l'étendue de ces miſtères je reconnois les bornes de l'empire de la raiſon, je crois, je reſpecte, je révère et me tais.

Cet epiſode n'eſt point un hors-d'œuvre. Il peut ſervir au moins d'apologie et à mes lettres et à ma croyance. Je reviens au paſſage de l'Ecriture qui fait l'objet de cette lettre.

Je demande aux amateurs du ſens littéral dans tout ce que rapporte la *Genèſe*, s'ils entendent littéralement ce paſſage où il eſt dit, que Dieu mit à l'entrée du paradis un chérubin armé d'un glaive flamboyant. Sans doute qu'ils l'admettent. Je n'en ſuis pas ſurpris. Ceux qui aviliſſent la Majeſté divine juſqu'à

 lui

lui faire proférer des sons articulés à un serpent, ne sont pas plus scrupuleux dans l'explication de ce dernier passage.

Mais je leur demanderai ; cette porte étoit elle d'or, d'argent, de cuivre ou d'airain ? Pouvoit-elle se fermer ? Dieu avoit-il besoin d'un de ses anges pour en garder l'entrée ? Ce factionnaire céleste avoit-il besoin d'un glaive pour soutenir son poste ? Ce glaive étoit-il d'une trempe divine ? L'ange devoit-il rester longtems en faction ? Quel enchainement de questions ! elles sont ridicules, je l'avoue, l'opinion qui les fait naitre, l'est encore davantage.

On

On refute ſouvent une abſurdité, ſans d'autres preuves, que de montrer les abſurdités qui en découlent naturellement.

Un chérubin naturel armé d'un glaive naturel à l'entrée du jardin d'Eden feroit une figure bizarre. Le bon ſens ne peut digérer une ſi abſurde hipothèſe. Mais le peuple eſt rempli de préjugés. Le merveilleux le frappe. L'extraordinaire l'éblouit,

Dieu peut changer les loix de la nature, j'en conviens ; elle eſt entre ſes mains : il peut faire paroitre des phénomènes extraordinaires à nos yeux, je l'avoue ; ſa puiſſance n'a point de bornes : et comme je vous l'ai déjà dit, elle s'étend à tout ce qui ne renferme pas l'idée d'incompatibilité.

Selon cet aveu, qui eſt celui de la raiſon et du bon ſens, je ne révoque point en doute la poſſibilité du fait, mais j'en nie la réalité. Vous le ſavez, Monſieur, de la poſſibilité au fait, la conſéquence n'eſt pas juſte.

Ainſi donc, par ce chérubin armé, j'entends la juſtice de Dieu qui exila l'ingrat époux avec ſon ingrate épouſe, d'un lieu qui venoit d'être le théâtre de leur ingratitude et de leur déſobéiſſance.

Que Dieu ait fait paroitre des ſignes extraordinaires à ce grand évènement, c'eſt ce que je ne nierai pas : il eſt même probable qu'il y en eut, pour montrer aux coupables toute la noirceur de leur crime. La révolution générale, et les changemens ſubits qui ſe ſont faits dans toute la nature, n'étoient-ils pas des ſignes aſſés viſibles d'un Dieu courroucé contre le genre humain ? Oui, toute la nature a gémi ſous d'étranges métamorphoſes.

Après tout, quand même il ſeroit vrai qu'un Ange fut poſté à l'entrée d'Eden, avec un glaive flamboyant, ce phénomène ne prouveroit rien en faveur de l'hipothèſe que je combats. Tout ce qu'on en peut inférer, c'eſt qu'il y a un ſens littéral dans quelque choſe d'analogue à la chute d'Adam. Mais ce chérubin qui ne dit mot, ne prouve pas qu'il y

ait

ait eu un colloque articulé entre Dieu, Adam, Eve et le ſerpent.

Je crois avoir expliqué aſſés ſuccinctement ce qui arriva dans un lieu où ſe paſsèrent les ſcènes les plus intéreſſantes au genre humain. Dans la lettre ſuivante, je ſuivrai le coupable cultivateur hors d'Eden.

Vous voyez, Monſieur, je ne crains pas de vous ennuyer. Je jouis librement du droit que vous m'avez donné ſur votre complaiſance : j'en conçois l'idée la plus agréable, et je me flatte que vous avez autant de plaiſir à lire mes lettres, que j'ai de ſatisfaction à vous les écrire.

Soyez

Soyez persuadé que je m'efforcerai de ne pas abuser de vos bontés : je vous en donne ma parole. Mes promesses, vous le savez, sont des réalités.

Une chose n'est pas moins réelle ; c'est l'attachement parfait avec lequel j'ai l'honneur d'être,

MONSIEUR,

Votre très humble, très obéissant serviteur,

* * *.

LETTRE.

LETTRE X.

MONSIEUR,

JUSQU'ICI mes lettres ont eu pour objet d'établir qu'il n'y eut point de sons articulés, proférés dans le paradis terrestre. A présent je quitte Eden pour suivre nos illustres exilés dans le lieu de leur exil. C'est là que fut tracé le plan de la parole, par conséquent de la première langue.

Chassés du paradis par la justice de l'Etre suprême, poursuivis par leurs remords, ils quittent leur séjour de délices, pour aller habiter et cultiver une terre qui étoit devenue stérile. Les regrets, les larmes, les soupirs et les sanglots marchent à leur suite.

Ce fut pour la première fois, que leurs yeux jusque-là ouverts et occupés à contempler les beautés naissantes de l'univers sorti du néant, s'ouvrirent pour contempler le triste ravage qu'avoit fait leur péché. Pressés par le besoin, et ne pouvant plus faire usage de ces signes si naturels et si expressifs de leurs pensées réciproques, ils reconnurent la nécessité d'inventer des sons articulés. La nature leur en fit trouver les moyens.

La langue est le membre le plus propre à former des sons. Bientôt nos parens en formèrent pour exprimer les choses les plus nécessaires ; et comme leurs besoins réciproques n'étoient pas en grand nombre, les termes dont ils se servirent, ne le furent pas non plus : mais cette invention de termes ne s'eſt faite que par degrés.

Ils auroient peut-être pu marquer ce qu'ils penſoient par des geſtes, comme on dit que les muets du Grand-Seigneur ſe parlent et s'entendent, même dans la plus grande obſcurité, en s'entretrouchant de différente manière. Mais la facilité d'exprimer par des ſons articulés ce qu'ils voyoient d'étrange, leur fit inventer des mots, et l'empreſſement qu'ils eurent de ſe parler, fit qu'ils ſe ſervirent des premiers termes qui ſe ſont préſentés.

Sans doute que leurs premières paroles furent les échos de leurs plaintes. Il eſt naturel à un malheureux de ſe plaindre. Les ſoupirs

pirs font les interprètes de nos chagrins. Le langage d'un cœur affligé se répand sur les lêvres. Ce que les grammairiens appellent *interjections*, sont les conséquences naturelles qui en découlent : pour les articuler, nous n'avons pas besoin de maitre ; c'est le langage du cœur.

Instruit à l'école de l'adversité, Adam n'eut besoin d'autre pédagogue pour lui apprendre à articuler les tristes accens de ses peines, que de lui-même. L'affliction est éloquente, et jamais deux cœurs affligés ne se parlèrent plus éloquemment, que par ces monosillabes et ces exclamations pathétiques, fidèles échos de leurs chagrins réciproques.

Les premiers mots qui furent donc inventés pour être les signes de nos pensées, ce sont les interjections. On commence à déplorer son malheur, on en cherche le remède après avoir essuyé ses pleurs. Voilà l'économie naturelle du cœur humain sous le poids de la tristesse.

Si vous avez jamais gémi sous un malheur accablant, votre expérience servira de preuve, votre propre cœur en sera garant. Vous cherchates à vous consoler : ressource naturelle à un malheureux : ce fut celle d'Adam.

Les interjections, les exclamations pathétiques ne furent pas longtems les lieux communs d'un entretien mutuel entre nos premiers

miers parens. Ils cessèrent de faire des lamentations. Ils virent que la nature les avoit formés pour le plaisir, le cœur s'y livre naturellement ; et sans autre *prémotion*, ils en suivirent les attraits.

Faits pour peupler la terre d'habitans, ils se livrèrent aux impressions du plaisir, et l'heureuse fécondité de la mère des vivans produisit un nombre de nouveaux cultivateurs. Les plaisirs s'émoussent dans la jouissance. Des besoins naissent ; il y faut subvenir.

La terre étoit stérile, et rien qu'une culture arrosée de sueur pouvoit lui rendre sa fécondité. Adam s'arrache d'entre les bras du plaisir et soumet son cou au joug du travail. De nouveaux termes ſont néceſſaires pour exprimer ſes beſoins : le plaiſir lui en avoit fourni ; le travail n'a pas été moins inventif.

La néceſſité, vous le ſavez, eſt la mère des arts. N'eſt-elle point celle des langues ? Sans doute que ce fut elle qui fit naitre la première.

Quelle eſt cette première langue ? Quelle en eſt la dénomination ? Voilà une énigme ; pluſieurs ſe ſont imaginés l'avoir devinée.

L'opinion commune eſt que Dieu en créant Adam et Eve leur a donné une langue, pour pouvoir s'exprimer et s'entendre mutuellement. Cette opinion a été réfutée dans mes

lettres

lettres précédentes. Les auteurs de cette opinion disent que cette langue fut l'Hébraique. Paradoxe. Rien que le préjugé a donné naissance à cette hipothèse fabuleuse, que l'Ecriture n'autorise nullement, et que le bon sens désavoue.

Jean Pierre Ericus, dans un livre imprimé à Venice, soutient qu' Adam a parlé Grec et que la langue Grêque est la première. Les raisons qu'il en donne, sont au moins aussi ridicules que son sentiment est absurde.

Psammeticus, roi d'Egipte, sept cens ans avant l'incarnation du Verbe, au rapport d'Hérodote fit nourrir deux enfans dans une maison séparée, sans que personne leur parlât.

Au bout de deux ans les enfans prononcèrent le mot *Bekos* ou *Bicos*, qui en langue Phrigienne ſignifie *du pain* ; d'où Pſammeticus conclut que le langage des Phrigiens étoit naturel, qu'Adam par conſéquent parloit la langue Phrigienne.

Un Anglois pourroit plutôt ſe prévaloir de de cette hiſtoire où de cette fable. Le premier de ces deux mots approche plus de l'Anglois que du Phrigien : les mots, *beg us*, ont plus de rapport à *Bekos*, que *Béké* qui eſt le mot Phrigien. *Beg us* eſt preſque exactement prononcé en Anglois comme *Bekos*.

Becanus, prétend que le Hollandois fût la première langue. Ses raiſons ſont à peu près

auſſi

aussi pitoyables, que celles des autres auteurs qui ont voulu décider cette question indécise.

Le docteur Swift, prouve que c'est l'Anglois, mais il plaisante, et la manière burlesque dont il traite cette question, montre le ridicule de tous ceux qui veulent dater l'origine et l'antiquité de leurs langues, du premier période de la création du premier homme.

Mr. Rowland Jones, dans un livre imprimé ici, en 1764, prouve fort sérieusement qu'Adam parloit Celtique, ou Gallois; que par conséquent la langue Celtique ou la Galloise est la plus ancienne et la première de toutes les langues.

Les enfans de Japhet, dit cet auteur, se séparèrent des autres avant l'entreprise de l'édifice de vanité et vinrent en grand nombre s'établir en Europe, dans cette partie qui est habitée par les Gallois.

Si l'on suppose les hommes susceptibles d'intérêt, comme ils l'ont toujours été et le seront toujours, pourquoi ces héritiers de la prévarication d'Adam auroient-ils quitté les trésors de l'Asie, pour venir habiter les sombres forêts de l'Europe ? Les bords de l'Euphrate et du Tigre avoient des attraits pour ces nouveaux colons qu'ils ne pouvoient naturellement se promettre ailleurs.

Quel intérêt ces descendans de Japhet auroient-ils pu avoir de se séparer de leurs compatriotes, de leurs parens et de leurs plus chers amis ? Quels motifs auroient-ils pu se proposer de quitter un séjour qui avoit des agrémens pour eux, un pays dont ils connoissoient les avantages et la situation, pour venir s'établir dans un pays inconnu, inculte, montagneux et qui aujourdui même, malgré la main laborieuse du cultivateur, n'est pas à beaucoup près le pays le plus agréable et le plus fertile de l'Europe ?

N'auroient-ils pas choisi pour le lieu de leur habitation une contrée riante, fertile et agréable ? N'auroient-ils fixé leur demeure dans un pays limitrophe plutôt que dansun pays lointain ?

Un

Un si long voyage ne se fait pas sans des difficultés presque insurmontables. Le projet peut paroitre plausible d'abord ; mais des obstacles sans nombre, naissans sans cesse les uns des autres rebutent le voyageur fatigué et l'arrêtent au milieu de son entreprise.

On a trouvé l'art de dompter les vagues de la mer, ou au moins, malgré la fureur de ses flots irrités, on a su se faire une route d'un pole à l'autre: mais dans ces siècles barbares où sauvé du déluge le genre humain n'étoit encore que dans son berceau, les hommes ne savoient que vivre, cultiver la terre et se multiplier.

Quand on réfléchit sur la longueur du trajet, et comment sortis nouvellement tout informes

formes des mains de la nature ces hommes auroient été capables d'entreprendre et d'exécuter un si long et pénible voyage, sans provisions, sans dessein, sans intérêt, sans aucune vue fixe, on reconnoit la ridiculité du projet et l'impossibilité de l'exécution.

Ainsi ce prétendu voyage paroit être une fable, inventée et adopté par tous ceux qui datent leur langue de l'état d'innocence et qui prétendent qu'elle s'est conservée incorruptible jusqu'au déluge, et même après le changement du langage de toute la terre aux bords de l'Euphrate.

Moins hardi à avancer des paradoxes, je ne m'arrêterai pas à rechercher la dénomination

de

de la langue que parlèrent nos premiers parens et leurs defcendans. Ce n'étoit point une langue qui eût une dénomination particulière. Les langues ne furent diftinguées par des noms particuliers, qu'après que les enfans de préfumption eurent formé le téméraire deffein d'élever une haute tour, monument de leur vanité, et qu'ils furent difperfés fur la face de la terre.

Dans la fuite j'aurai occafion de vous parler de la confufion qui fe mit dans la langue des ouvriers de Babel. Je n'ajouterai rien autre chofe à cette lettre, finon que je fuis fans réferve et le ferai toujours,

MONSIEUR,

Votre très humble, très obéiffant ferviteur,

***.

LETTRE XI.

MONSIEUR,

DANS ma dernière lettre j'ai confidéré Eve et Adam feuls et ifolés pour ainfi dire ; et de l'économie naturelle de leurs remords, de leurs plaifirs et de leurs befoins, j'ai conclu celle de leur langue.

Les interjections, les monofillabes furent les premiers fons articulés, enfuite le plaifir fit naitre d'autres fons, et le travail donna naiffance à une troifième forte de termes. Le befoin fe multiplie, les termes fe multiplient auffi. Un nouveau befoin fait naitre un nouveau terme.

A préfent

A préſent notre petite famille ſe multiplie. L'hiſtoire de la propagation du genre humain eſt l'hiſtoire des langues. Caïn eſt le premier fruit des amours de nos nouveaux habitans de la terre, triſte héritier de leurs plaiſirs et de leurs peines.

Dieu continue à benir la fécondité d'Eve, bientôt nait un autre héritier auſſi malheureux que le premier, Abel partage avec ſon frère le travail, appanage de l'homme prévaricateur.

L'un s'applique au labourage, Caïn cultive la terre : l'autre promène ſes peines en gardant des troupeaux, Abel devient paſteur : l'un et l'autre offrent des ſacrifices à Dieu.

Sans

Sans doute que ces deux nouveaux colons furent les inventeurs de nouveaux termes. Nouvelles occupations nouveaux besoins, nouveaux mots, tout celà suit naturellement.

L'envie même, premier monstre auteur du premier meurtre, ne manqua pas de termes pour assouvir sa noire fureur. Une conversation douce et insinuante est l'avant-coureur d'un forfait, une promenade en est le moyen.

Caïn parle à son frère, Abel souscrit à la proposition, l'innocent berger succombe sous le coup du cultivateur. La terre gémit pour la première fois de voir couler le sang d'un frère, versé par un autre frère.

Dieu poursuit le meurtrier ; un crime si grand ne peut pas rester impuni. Chassé par ses remords du lieu de sa naissance, errant et fugitif sur la terre Caïn cherche un asile, et *Nod* lui sert de retraite. Fils et frère également dénaturé il devient père d'une race nombreuse et malheureuse ; Hénoc est son premier né ; celui-ci engendra Hyrad qui devint lui-même père d'une nombreuse postérité.

Je quitte la généalogie du premier meurtrier, et je reviens à celle de l'exilé d'Eden.

A peine Adam avoit-il vécu cent trente ans, qu'il se vit un autre fils moins malheureux que les premiers. Seth à son tour engendre *des fils et des filles*. Bientôt la terre est peuplée d'un monde d'habitans.

Le

Le genre humain continue-t-il à ſe multiplier ? Les langues ſe multiplient avec lui. Ce qui prouve cette conjecture, c'eſt que la ſociété devenant plus nombreuſe, à proportion que la population augmente, le même canton ne peut ſuffire à une ſi vaſte multitude d'habitans. Chacun ſe retire dans les lieux qui n'étoient pas encore habités, où il pouvoit vivre avec ſa femme, ſes enfans, et règner ſeul.

La terre ayant donc été comme partagée en différens états et empires, il s'eſt fait différentes langues. Il n'étoit pas poſſible, que des peuples éloignés ſous différens climats inventaſſent les mêmes termes et parlaſſent un même langage. De-là je conclus qu'il y eut ſur la terre autant de différentes langues que de contrées.

Il

Il eſt probable que ces nouveaux peuples ne gardèrent aucune règle dans l'invention de leurs langues. Les mots ſont arbitraires. Les termes les plus ſimples ſont les plus natutels. La nature, dit le P. Lamy, porte à cette ſimplicité. Plus le diſcours eſt court, mieux il répond à l'ardeur que nous avons de dire ce que nous penſons. L'allongement des ſillabes eſt une corruption.

Enthouſiaſtes juſque dans leurs expreſ-expreſſions, les Italiens ont des mots de quatorze ſillabes. *Arciſchiribbizzevoliſſimevolemente* ſignifie chez eux, le plus capricieuſement du monde. Plus ſimples dans leur langue les Chinois n'en ont que d'une ſillabe.

Un

Un même mot peut ſe diverſifier en pluſieurs manières ; par la tranſpoſition, par le retranchement ou l'addition de quelque lettre, par le changement de la terminaiſon, &c.

Les Anglois entre autres nations Européennes ont pluſieurs de ces mots. Je n'en citerai que deux exemples: FRIEND, chez eux ſignifie, ami. FRIENDLY, avec amitié. FRIENDLESS, ſans amis. FRIENDSHIP, amitié. WATER, ſignifie, de l'eau. To WATER, arroſer. WATERING, l'action d'arroſer. WATERISH, aqueux. WATERY, humide, plein d'eau. Cette économie des langues eſt naturelle.

De-là il eſt aiſé d'inférer que les premiers deſcendans d'Adam ſe contentèrent d'inventer des mots ſimples, qu' enſuite ils en firent des dérivés, et qu'ayant trouvé un mot pour être le ſigne de leur penſée, ils s'en contentèrent, ſans aller chercher un nouveau terme.

A quoi ſert, dit le P. Thomaſſin, dans la préface de ſon Gloſſaire, d'avoir mille noms pour ſignifier *une épée*, et quatrevingts pour *un lion*, comme ont les Arabes ?

L'abondance de termes n'eſt pas toujours une preuve de la richeſſe d'une langue. Si la langue Angloiſe n'avoit que la première, elle ne ſeroit pas auſſi forte et harmonieuſe qu'elle l'eſt. Mais outre que les termes en ſont abondans, ils ſont expreſſifs, forts, énergiques et concis.

Jaloux

Jaloux encore du nom de liberté, les Anglois en étendent les droits ſur le langage. Ils l'enrichiſſent tous les jours de quelque nouveau terme ; quand il ne ſe trouve point dans leur île, ils l'importent du continent. Dès que ce nouveau mot eſt expreſſif, élégant et harmonieux, il eſt naturaliſé.

Moins libre dans le choix de nouveaux termes, ou plutôt forcé de ſe ſoumettre aux caprices de la coutume, le François eſt réduit à ſe ſervir quelquefois de détours et de circonlocutions. Telle eſt la loi bizarre de l'uſage.

Je m'y ſoumets auſſi bien qu'à cette loi douce et agréable que votre généroſité m'a impoſée ; elle eſt l'exercice le plus flatteur de

 ma

ma liberté : c'eſt d'être avec l'attachement le plus inviolable,

MONSIEUR,

Votre très humble, très obéiſſant ſerviteur,

***.

LETTRE XII.

MONSIEUR,

L'ORDRE que les premiers deſcendans du premier cultivateur gardèrent dans l'invention de leurs langues, eſt naturel. L'art n'y eut point de part. La nature étoit leur guide.

Ils eurent d'abord peu d'égard à l'harmonie, à la force, à la majeſté ou à l'élégance de leurs mots. A meſure que la neceſſité ou le haſard leur

leur fourniſſoit un terme, elle en conſacroit l'uſage.

Je ne prétends pas faire la généalogie de toutes les langues qui ſe parlèrent juſqu'au déluge. Arrêtons ici nos conjectures. Scrupuleux à n'écrire que du probable, je ne le ſuis pas moins à ne pas haſarder des paradoxes.

Peut-être que la première de toutes les langues s'eſt conſervée dans la famille de Seth, parmi un certain nombre de fidèles que l'Ecriture appelle *les enfans de Dieu*. Mais quel fut ſon ſort ? Celui de toutes les autres langues. Le caprice ſouvent plus que la raiſon en eſt le ſouverain légiſlateur.

L'inconſtance des hommes, et l'amour de la nouveauté les changent à leur gré. Auſſi voyons nous que les peuples les plus inconſtans, et les plus amateurs de la nouveauté, ont introduit dans leurs langues les plus grands changemens ; ajoutons à celà, que la perfection des arts et des ſciences n'y a pas peu contribué.

Les pays où ils ſont en honneur et où ils fleuriſſent le plus, ont auſſi le plus innové dans leur langue: la France et l'Angleterre en ſont des preuves. La Ruſſie commence à paroitre ſur la ſcène littéraire : elle cherche les arts et les ſciences, elle les invite et les comble de bienfaits. Pronoſtic infaillible que la langue ſe perfectionnera avec la réforme de la barbarie

des

des Mofcovites. Je quitte le Nord, et reviens à mon fujet.

Enfans du caprice ou du befoin les mots font fujets à leurs viciffitudes, et avant qu'un déluge d'eau ne lavât un déluge d'iniquités, la première langue n'étoit déjà plus.

J'en trouve la preuve dans la cronologie facrée. Les cataractes du ciel ne s'ouvrirent pour inonder la terre, que 1656 ans après la création. Dans cette multitude de fiècles repliés les uns fur les autres, quelles viciffitudes dans les meurs ! Mais furtout, quels changemens dans les langues !

Non ſeulement la différence des humeurs, la diverſité des climats, mais encore l'amour de la nouveauté introduit des changemens dans les langues, je ne dis pas au bout de mille ans ; cinq cens ans ſuffiſent quelquefois pour les rendre méconnoiſſables.

Notre François eſt tout différent de celui qui ſe parloit il y a trois ſiècles : dans l'un et dans l'autre on reconnoit une mère commune du changement, c'eſt le caprice ou le beſoin. Que ne feront-ils pas dans trois autres ſiècles ? Iſſues de la même origine les langues ſont ſujettes au mêmes changemens.

Il eſt donc probable que les deſcendans de Seth, et ſurtout ceux de Caïn que l'Ecriture

appelle

appelle *les enfans des hommes*, établirent de nouveaux mots, qu'ils en rebutèrent d'autres, et qu'ils introduisirent de nouvelles manières de parler qui changèrent entièrement le langage, et qui en firent un nouveau dans la suite des années. Chaque colonie avoit le même privilège. Delà la multiplicité des langues.

Soutenir qu'il n'y eut qu'une langue jusqu'au déluge, c'est soutenir que l'homme n'est pas inconstant, que la différence des tempéramens et des climats, la diversité des mœurs et des intérets n'influent pas sur les langues, c'est soutenir qu'une multitude inombrable d'hommes, éloignés les uns des autres, encore plus par leurs sentimens que par la distance des lieux, ont pu convenir de l'usage de

tels

tels ou tels mots, c'eſt ſoutenir que diviſés pour tout le reſte, ils ſe ſont néanmoins accordés dans la choſe la plus capricieuſe, enfin c'eſt ſoutenir un paradoxe.

Toutes les langues ont été enſévelies dans les eaux avec leurs auteurs, et *parceque toute chair avoit corrompu ſa voye*, Dieu extermina par un déluge univerſel toute la race impie, à la réſerve de huit perſonnes. Noë et ſes enfans échapent à la vengeance divine. La langue qu'ils parlèrent n'étoit pas l'Hébraïque, ni aucune de celles qui ſe flattent de la priorité, comme je le prouverai encore dans la ſuite, malgré toutes les preuves que j'ai déjà rapportées.

J'ose me flatter que vous n'en exigez point pour être persuadé, que personne n'est plus que moi,

MONSIEUR,

Votre très humble, très obéissant serviteur,

* * *.

LETTRE XIII.

MONSIEUR,

JE reprends sans préambule le fil de ma derniére lettre. Les preuves naissent les unes des autres.

Les huit personnes sont-elles affranchies du déluge ? Elles peuplent la terre d'un monde nouveau, aussi déréglé que ce monde ancien qui venoit d'être enseveli dans les ondes. Ils

sont

font complot de laiſſer à tous les ſiècles à venir, un monument de leur inſolence, de leur vanité et d'élever une tour juſqu' aux nues. Entrons dans un petit détail.

Affranchis des eaux les enfans de Noë ſortent de l'arche. Partout où ils promènent leurs regards, la terre ne leur offre qu'un vaſte déſert dépouillé de fruits et d'habitans. Le deſſein de la repeupler paroit animer leurs premiers ſoins. La population entre dans l'économie de la Providence divine.

Deux ans après le déluge, Sem ſe voit un fils, et Arphaxad trente cinq ans après peuple la terre d'un nouvel habitant. Trente ans après, Salé engendra Héber, celui-ci trente

quatre

quatre ans après, devint père de Phaleg. Du tems de ce dernier la terre fut divisée après la confusion; par conséquent plus de cent ans s'écoulèrent, entre le déluge et la dispersion des ouvriers téméraires.

Je passerai sous silence la généalogie des descendans des autres enfans de Noë. Sans doute qu'ils ne furent pas moins féconds. La terre se vit donc dès-lors une seconde fois peuplée d'un grand nombre d'habitans. Chaque patriarche engendra, pour me servir des expressions de l'Ecriture, *des fils et des filles*.

Je laisse aux interprêtes à expliquer ce passage du chapitre onzième du la *Genèse*, où il est dit, que *toute la terre étoit d'un langage et de même parole.* Il ſuffit pour mon deſſein, que ce ne fut pas l'Hébreu, ni aucune autre langue qui eût une dénomination particulière.

Il eſt dit dans le même chapitre, que Dieu confondit le langage de toute la terre ; ainſi donc l'Hébreu ne feroit plus : car il eſt certain, ſelon le paſſage que je viens de citer, qu'aucune des langues qui ſont en uſage aujourdui, ne fut celle des patriarches qui vécurent avant la confuſion du langage de toute la terre.

J'obſerverai en paſſant, que quand même il n'y auroit eu qu'une ſeule langue, entre ce periode qui s'écoula depuis le déluge juſqu'à l'édification de la tour, cette langue étoit ſujette jettte aux mêmes changemens que celles qui la précédèrent.

L'inconſtance des hommes, l'amour de la nouveauté, comme j'ai dit, changent les langues auſſi bien que les modes. Les hommes étoient-ils donc moins inconſtans avant l'édification de la tour de Babel ? Avoient-ils moins d'amour pour la nouveauté ? Non, ſans doute. Le projet téméraire d'élever une tour qui s'élevât juſqu'au ciel, prouve et leur inconſtance et leur amour de la nouveauté, j'ajoute et leur folie.

Il eſt donc probable que ces enfans de vanité exercèrent leur inconſtance ſur leurs langues, et lui firent ſubir le ſort de leur

amour

amour pour la nouveauté, dangereux appanage de l'homme foible et orgueilleux.

Tout ce que je prétends, Monſieur, c'eſt que ſans nier, qu'il n'y eut qu'une ſeule langue identique, j'inſinue qu'il eſt fort probable, que cette langue ſuivoit le torrent de l'inconſtance, qu'elle étoit déjà altérée, non ſeulement dans la prononciation, mais peut-être encore dans le fond ; les preuves analogues, que j'ai rapportées, rangent ce me ſemble, ma conjecture à côté de la vraiſemblance.

Je viens à ce période où les enfans des hommes ſont répandus ſur la terre en grand nombre. Criminels comme leurs prédéceſ-

ſeurs,

ſeurs, ils appréhendent les mêmes châtimens; ils penſent à un abri. Une haute tour leur ſemble un moyen efficace d'echaper à une nouvelle inondation : ils en forment le projet ; leur vanité le dicte : inſenſés bientôt ils en commencent l'entrepriſe : la préſomption les guide ; effort inutile ! Dieu confond l'une et l'autre.

A peine ont-ils commencé l'édifice, que la confuſion ſe met dans leur langage, ils ne s'entendent plus et laiſſent l'ouvrage de leur vanité imparfait.

L'opinion la plus commune touchant cette confuſion, dit le P. Lamy, eſt que Dieu ne confondit pas tellement le langage de ces hommes, qu'il fît autant de différentes langues qu'ils étoient d'hommes. On croit ſeulement qu'après cette confuſion, chaque famille ſe ſervit d'une langue particulière ; ce qui fit que les familles s'étant ſéparées, les hommes furent diſtingués, auſſi bien par la différence de leur langage, que par celle des lieux où ils ſe retirèrent.

Il ſe pouvoit faire, que cette confuſion ne conſiſtât pas en de nouveaux mots, mais dans le changement ou la tranſpoſition, dans l'addition ou le retranchement de quelques lettres de celles qui compoſoient les termes qui étoient en uſage avant cette confuſion.

Le

Le P. Thomaſſin, dans ſon Gloſſaire, prouve que ce que dit Moyſe de la confuſion des langues de ceux qui bâtirent la tour de Babel, ſe peut entendre d'une méſintelligence, qui ſe mit entre eux : ſa raiſon eſt que les orientaux, après la diſperſion, ſe ſont ſervis de divers dialectes plutôt que de diverſes langues : que ſans une confuſion miraculeuſe de langues, l'éloignement des peuples, l'établiſſement des empires et des républiques, la diverſité des loix et des coutumes, le commerce des nations purent cauſer du changement dans le langage.

De quelque manière que cette confuſion ſe ſoit faite, il eſt toujours certain que les langues furent changées. Une autre choſe eſt également certaine, c'eſt que vous ne verrez jamais changer les ſentimens d'eſtime avec leſquels j'ai l'honneur d'être,

MONSIEUR,

Votre très humble, très obéiſſant ſerviteur,

* * *

LETTRE XVI.

MONSIEUR,

VOTRE procédé eſt généreux, votre lettre flatteuſe : je vous rends juſtice ſur l'un, mais je me prévaus de l'autre. La générosité eſt l'appanage d'un cœur comme le vôtre.

Je ne ſuis pas aſſés vain pour m'imaginer, que je mérite votre approbation, à tous égards. Si c'eſt par les ſentimens que mes lettres expriment,

priment, personne, j'ose le dire, ne la mérite plus que moi ; si c'est par le stile qu'elles sont écrites, vous m'encouragez à faire tous mes efforts pour la mériter.

Mais à quoi bon tous ces préliminaires ? Venons au fait. Nos présomptueux entrepreneurs ne peuvent s'entendre réciproquement. Divisés par leur langage, ils se séparent l'un de l'autre, ils se répandent sur la face de la terre, elle leur offre son asile, et la Providence leur marque leur destinée.

C'est de ce periode que nous pouvons dater l'origine de l'Hébreu, et de toutes les autres langues qui disputent sur le droit de priorité.

Séparés les uns des autres les architectes de vanité se retirent, chacun dans le canton qui lui paroit le plus analogue à ses besoins, disons plutôt à ses plaisirs. C'est là que chaque père de famille compose son petit état, sa petite république et lui prescrit des loix. Monarque absolu dans sa propre maison, un père pouvoit à son gré inventer de nouveaux termes, les transmettre à ses héritiers aussi bien que ses droits.

Ce droit d'inventer de nouveaux mots n'étoit pas inaliénable dans un père de famille. De tous tems les hommes ont aimé la liberté, et jamais ils n'ont cessé de se forger des chaines. Vain et ambitieux comme ses ancêtres l'homme a usurpé l'autorité sur l'homme. Le plus fort a mis des entraves au plus foible : et maitre de ses concitoyens, le monarque impérieux a fixé le langage ; mais enfin la valeur des termes est devenue le droit de la societé réunie.

La plûpart de ces ouvriers téméraires répandus sur la terre étoient chasseurs probablement, ou bergers ou cultivateurs ; comme leurs besoins étoient en petit nombre, et leurs connoissances resserrées dans une sphère étroite, ils n'avoient besoin, que d'un petit nombre de termes qui se multipliassent et se diversifiassent, à mesure que leurs besoins, leurs intérêts, leurs connoissances se multiplioient et se diversifioient.

C'eſt la diverſité des occupations, des beſoins, des plaiſirs, le négoce, les arts, les ſciences qui ont fait trouver un nombre prodigieux de mots dont une langue a beſoin. Auſſi voyons nous encore aujourdui, que les nations les plus polies ont les langues les plus polies; et celles qui ont emprunté les arts et les ſciences des autres peuples, ont également emprunté les termes pour exprimer ces arts différens et ces différentes ſciences.

Les Anglois, dit l'ingénieux Mr. Harris parlant de ſes compatriotes, ſont remarquables dans les différens emprunts qu'ils ont faits. Leurs termes de littérature prouvent qu'ils ſont redevables à la Grèce de leurs belles-letires. Leurs termes de muſique et de de peinture montrent qu'ils ont tiré la connoiſſance de ces arts de l'Italie. Leurs termes de guerre dénotent qu'ils ont appris l'art militaire de la France ; et leurs termes de navigation font voir qu'ils ont été inſtruits dans cet art par les Flamands et les Hollandois.

Ces différentes ſources de la langue Angloiſe ſont cauſe, qu'elle manque de régularité et d'analogie ; mais comme j'ai dit, elle a cet avantage de compenſer ce qu'elle manque en élégance, par une grande abondance de termes forts, concis, expreſſifs et harmonieux ; en quoi elle ne le cède peut-être pas à aucune autre langue vivante.

C'eſt

C'est ainsi que toutes les autres langues se sont perfectionnées et multipliées : aucune n'a été parfaite dès son origine, comme le prétend le P. Lamy, au sujet de la langue Hébraïque.

Je ne m'arrêterai pas à réfuter cette opinion. J'ai assés fait voir le ridicule de toutes ces suppositions, conséquences eronnées d'une supposition encore plus ridicule.

Ce seroit ici la place de finir toutes ces lettres que vous devez attribuer à mon empressement de vous faire un détail de ce qui fut la matière d'une conversation. Quelques réflexions me restent : je vais les faire le plus succinctement qu'il me sera possible.

L'opinion

L'opinion commune, disons plutôt le préjugé commun, est que la langue Hébraïque dérive l'étimologie de son nom d'*Héber*. On a fait à ce sujet des recherches, des dissertations ennuyeuses et superflues. Tant on aime à vétiller sur des minuties.

Quiconque diroit que le François dérive son nom d'une famille qui s'appelloit *François*, ou que l'Anglois dérive le sien d'une famille qui portoit celui d'*English*, avanceroit le plus insoutenable paradoxe.

Le bon sens nous dicte que toutes les langues dérivent leur étimologie des nations qui les parlent. Ainsi les langues Françoise, Angloise, Italienne, Espagnole, Portugaise, &c. tirent

tirent leur dénomination des différens peuples qui parlent ces langues.

Dans cette réflexion ſimple, conciſe et convaincante, nous trouvons l'étimologie de la langue Hébraïque ; elle fut appellée *Hébreu*, parcequ'un peuple qui parloit cette langue, s'appelloit *Hébreu*.

Toujours favoriſé de la Providence, ce peuple s'eſt rendu fameux par toute la terre ; les prodiges, les miracles marchoient à ſa tête et ſuivoient ſes pas. Toutes les villes qu'il attaquoit, ſe ſoumirent, preſque ſans combat à ſon obeiſſance. Jéricho même, la ſuperbe Jéricho tombe au ſeul ſon des trompettes.

La

La langue des Hébreux en conſéquence, eſt devenue le langage de preſque toute la terre, je parle de celle qu'ils conquirent. Les vaincus parlèrent le langage des vainqueurs.

Les livres ſaints de l'ancienne alliance ont été écrits en Hébreu, voilà ce qui a achevé de rendre cette langue auſſi fameuſe, que la nation elle-même. Ne ſeroit-ce pas celà qui la fait regarder comme le langage d'Eden ? Ce ne ſeroit pas un problême. La cauſe eſt peut-être pardonnable : le préjugé ne l'eſt pas.

Ne ſauroit-on témoigner ſon reſpect pour les divines Ecritures ſans ſuivre aveuglément des ſuppoſitions fabuleuſes ? Souvent idolâtre d'une beauté réelle ou imaginaire, on l'eſt preſque toujours des préjugés. Une

Une autre réflexion me reſte à faire ſur ce que dit Mr. Jones, que pluſieurs des deſcendans de Japhet avoient fondé le royaume de Troye avant la diſperſion des ouvriers de Babel, que le nom de Troye étoit composé de *Tre-io* que cet auteur dérive du Gallois et qui ſignifie, ſelon lui, la ville d' *Jo* ou de Japhet.

Sans entrer dans une diſcuſſion sêche et ennuyeuſe ſur l'étimologie ſouvent arbitraire d'un mot, j'obſerverai que nous pouvons dater la fondation de Troye, a peu près du tems que ſelon l'hiſtoire ſacrée, Joſué ſuccéda à Moyſe, dans la conduite des enfans d'Iſraël, environ 700 années avant le commencement de la ville de Rome, et lorque les Aſſiriens règnoient en Aſie, depuis ſix cens quarante ou cinquante ans.

Selon

Selon cette obſervation il s'enſuit que le royaume de Troye fut fondé longtems après la diſperſion, puiſque Joſué vécut longtems après cette époque, et que l'empire des Aſſiriens eſt antérieur à celui de Troye.

Je pourrois prétendre avec moins d'abſurdité que la langue Teutonique eſt la première qui ſe parla hors d'Eden. Cette opinion qui eſt également mal fondée, a ſes partiſans également acharnés à ſoutenir leurs paradoxes.

Si je voulois faire parade d'une érudition étrangère et vous effaroucher par de longues citations, je feuilleterois de gros volumes, j'amaſſerois un tas de traductions Grêques, Hébraïques, Arabes . . . . avec tous les noms ſcientifiques de leurs auteurs : mais cet ouv-

rage

tage deviendroit trop ſérieux : je paſſerois les bornes que je me ſuis preſcrites : j'abuſerois peut-être de votre complaiſance et je me ſouviens de ma promeſſe.

Je ne me ſuis pas engagé à décider quelle a été la première langue : cette queſtion ſera toujours indéciſe, et perſonne n'en a encore fourni des preuves ſolides et convaincantes.

——— Et adhuc ſub judice lis eſt.

Je finis par une déciſion qui ſera toujours hors de doute, c'eſt que tant que je ſerai ſuſceptible de plaiſir, j'aurai toujours celui d'être tout à vous,

MONSIEUR,

Votre très humble, très obéiſſant ſerviteur,

***.

FIN.

www.ingramcontent.com/pod-product-compliance
Ingram Content Group UK Ltd.
Pitfield, Milton Keynes, MK11 3LW, UK
UKHW021047230726
13926UKWH00004B/1692

9 782014 023541